【铁血将帅系列】

吴凡

华中科技大学出版社
http://www.hustp.com
中国·武汉

图书在版编目(CIP)数据

护边战将：袁崇焕传 / 吴凡著. —武汉：华中科技大学出版社，2018.6（2020.6重印）
（铁血将帅系列）
ISBN 978-7-5680-3827-0

Ⅰ. ①护… Ⅱ. ①吴… Ⅲ. ①袁崇焕（1584–1630）–传记 Ⅳ. ①K825.2

中国版本图书馆CIP数据核字（2018）第080101号

护边战将：袁崇焕传　　　　吴　凡　著
Hubian Zhanjiang: Yuan Chonghuan Zhuan

策划编辑：沈剑锋　张　丛
责任编辑：张　丛
封面设计：蚂蚁字坊
责任校对：何　欢
责任监印：朱　玢
出版发行：华中科技大学出版社（中国·武汉）　电话：（027）81321913
武汉市东湖新技术开发区华工科技园　邮编：430223
印　　刷：日照教科印刷有限公司
开　　本：710mm × 1000mm　1/16
印　　张：19.5
字　　数：274千字
版　　次：2020年6月第1版第2次印刷
定　　价：48.00元

PREFACE

序

雁过尚且留声，人生岂能无痕。人生在世，每个人都有自己的故事。但是有些人的故事，只属于他自己，生命终止后，故事戛然而止；而有些人的故事，则属于民族，他们的故事万古流芳。

处于历史大背景下的人物，尤其是参与影响历史走势，或者说亲历历史进程的人的故事，恐怕许多都是毁誉参半。这个故事是他自己书写的，也是别人加给他的。袁崇焕就是一个典型的例子。

他出生在一个动荡不安的时代。他出生的时候，大明帝国已经开始走下坡路了。虽然当时张居正仅仅去世两年，但是大明帝国在没有张居正这样的权臣主持下，国内很快便乱了套。皇帝开始清算张居正，众多反对派甚嚣尘上，严厉打击改革派，就连抗倭英雄戚继光都差点身首异处（最后被贬到广东）。清算完改革派后，他们则开始内斗，结党营私，相互攻讦，文恬武嬉，贪赃枉法，草菅人命……

他出生于一个普通的家庭。既没有显贵的家族背景，也没有富可敌国的家业，他有的只是一个商耕家庭。在这样的时代里，出生于这样的家庭里，袁崇焕的人生究竟能走多远，没有人说得好。如果参照大多数人的人生，他最后的结局不过是和千千万万的普通人合成一个数字，留存在历史的档案里，仅此而已。

但是，坏的时代和普通的家庭背景并没有让袁崇焕过上大多数人的一生。再坏的时代，人总要生存下去，总要有理想。袁崇焕也不例外，他立志报国。于是，他走上了当时实现理想的唯一正途：学好文武艺，货与帝王家。

不过，虽然理想是美好的，前途是光明的，但是道路是曲折的。尽管袁崇焕是学习的一把好手，在当地也有“小神童”的称号，但是在竞争激烈的科举考试中，他还是一次次名落孙山，直到三十多岁，第四次科举考试才高中。

虽然获得了官场的入场券，但是袁崇焕离自己的理想还有很长的路要走。老话说，初心易得，始终难守。在当时污浊的官场上，无数人放弃了“修身齐家治国平天下”的信仰，转而干起了“三年清知府十万雪花银”的勾当，搜刮民脂民膏，极尽享受。而袁崇焕则洁身自好，不忘初心，以小小知县在东南偏僻的地方兢兢业业，收获了不少政绩与口碑。

然而，清廉的袁崇焕依旧无法实现自己的梦想。按照明朝官员升迁的惯例，袁崇焕要从小小的知县升迁到朝廷核心官员的位置，少说得几十年时间。而已经接近不惑之年的袁崇焕显然是等不起了。

而且，当时政治生态极为恶劣，基本上是“不跑不送，原地不动；只跑不送，暂缓使用；又跑又送，提拔重用”。如此一来，洁身自好的袁崇焕升迁之路自然会受到影响。

在如此困境之中，袁崇焕既没有自甘堕落，也没有怨天尤人，而是苦修兵法，关注国家大事，等待机会。苦心人，天不负。没多久，机会真的送上门来了。

大明帝国东北边境出现叛乱，努尔哈赤起兵造反，大明帝国战略决策屡次出现失误，而且用人不当，军事上一败涂地，屡战屡败，损兵折将，丢城失地不说，还让努尔哈赤坐大。

努尔哈赤的叛乱给无数大明帝国官员提供了建功立业的机会。事实上，刚开始有无数人想着借助平定叛乱来晋爵封侯，然而残酷的军事斗争以及复杂的朝廷局势让绝大多数人望而生畏。边疆大吏成了烫手山芋。

男儿何不带吴钩，收取关山五十州。就在大多数人生怕被送去辽东当官时，袁崇焕挺身而出："只要给我足够的兵马钱粮，我一个人就能守得住此地。"于是，这位来自南方、皮肤黝黑的文官从此踏上了铁马金戈、刀尖舔血的征程。

我们都知道，一个人安安静静地做一件事情，不难；但是一个人在复杂的社会中、战争中做一件自认为是对的事情则是非常难的事情。袁崇焕就面临着多方面的问题，他的前方有崛起的、落后但骑兵厉害的后金，他的后方则有党争和猜忌心极重的皇帝，他的身边有阉党、悲观主义者、准备随时开小差者、持反对意见者等，处在三线作战的环境中，袁崇焕却做出了惊天动地的事情。

人们都说盖棺定论，但是有关于袁崇焕的讨论延续至今，依旧没有定论。

批评他的为数不少，比如：朱舜水（明末清初五大学者之一）将袁崇焕称为"卖国贼"，比如明末将领徐石麒认为袁表面主战实为主和，张廷玉（清朝学者）则认为他杀毛文龙是"妄杀"，计六奇更是将其列十二条罪状杀毛文龙的行为，视同秦桧以十二道金牌杀岳飞……

不过，对袁持正面评价的更多，唐甄将袁和孙传庭、卢象升并列为明末三大良将、国宝；袁崇焕的劲敌努尔哈赤认为袁是个英雄人物：

> 朕用兵以来，未有抗颜行者。袁崇焕何人，乃能尔耶！

乾隆皇帝更是认为袁崇焕是忠臣：

> 袁崇焕督师蓟辽，虽与我朝为难，但尚能忠于所事，彼时主暗政昏，不能罄其忱悃，以致身罹重辟，深可悯恻。

康有为则认为袁是英雄人物：

夫袁督师之雄才大略，忠烈武棱，古今寡比。其遗文虽寥落，而奋扬蹈厉，鹤立虹布，犹想见鲁阳挥戈、崆峒倚剑之神采焉。

梁启超认为他是明之长城，是不可多得的人才：

若夫以一身之言动、进退、生死，关系国家之安危、民族之隆替者，于古未始有之。有之，则袁督师其人也。

金庸则如是说道：

袁崇焕真像是一个古希腊的悲剧英雄，他有巨大的勇气，和敌人作战的勇气，道德上的勇气。他冲天的干劲，执拗的蛮劲，刚烈的狠劲，在当时猥琐萎靡的明末朝廷中，加倍地显得突出。

中华人民共和国将军迟浩田说：

袁崇焕就是我们中华民族的一个伟大英雄，我们的岳飞、袁崇焕都是在中华民族历史上有褒有贬，经历坎坷，但是最终一条，人民的眼睛是雪亮的，历史是公正的。时间是暴君，将历史震得支离破碎，以至于历史成为任人打扮的小姑娘。

为何他死去三百多年，却始终争议不断。虽然这里面有诸多原因，但恐怕有一点是最主要的，那就是：时间这位暴君，将历史真相震得支离破碎，以至于历史成了任人打扮的小姑娘。

但是，不管非议有多大，起码有一点是确定无疑的：时间虽然是暴君，但是敌不过历史的公正，历史终究厚待忠诚之人。袁崇焕战胜了他的时代，也战胜了时间的粗暴举动。他注定名垂千古。

本书的撰写得到国防大学出版社总编室主任冯国权大校的精心指导，在此表示感谢。

笔　者

2017年8月8日

CONTENTS

目录

第一章

袁家虎子：为理想而读书

1.1584：历史的一个拐点

1584年，是个极为平常但又极为特殊的一年。

说它平常，是因为它不过是人类悠久历史中不值一提的一个年份，它不过是一个时间点，就像大海里的一滴水一样，平常得无以复加。说它特殊，是因为它见证了许多人的生，许多人的死，见证了历史的改变，或者诞生了即将改变历史的人。

伊凡四世，莫斯科大公，俄罗斯历史上第一位沙皇离开了这个充满是非的世界；腓特烈·亨利出生，此人日后是尼德兰政治家和军事统帅，联省共和国执政；波罗美奥诞生，意大利天主教圣人出生。

对大明帝国来说，这一年有无数人离开世界，也有无数人来到这个世界。粗布淡食三十年如一日的好官郑世威、胸怀宽广的内阁官员余有丁去世，敢于直言犯上的范俊挨了板子被削职为民，张居正的姻亲刘一儒辞官回家，镇压过农民起义的孙应鳌年老退休并于同年去世，杀害明代有名的学者何心隐的王之垣退休，张居正被抄家、其长子被逼自杀，游击将军刘綎、参将邓子龙等击缅甸兵，杀奸民岳凤，广西平乐营兵变，建文朝被害诸臣后代3000多人被免于流放，王守仁、陈献章、胡居仁三位先臣从祀孔庙，列于薛瑄之后，戚继光被贬到广东。

此外，在这一年，影响明朝历史进程的英雄袁崇焕出生了。

袁崇焕，字元素，号自如，明末万历十二年（1584）四月二十八日（6月6日）生于广东省东莞县水南乡守义坊[①]（今广东省东莞市石碣镇水南村）。

但是，名人是非多，就连名人的出生地也让各省争得面红耳赤。由于袁崇焕参加科举考试所登记的户籍信息，加上他经常游学、往来于广东和广西之间，于是，关于袁崇焕到底是哪里人，还有其他两种说法：一说是广西藤县，另一说是广西平南。

广东东莞和广西平南、藤县都拿出了不少的史料作为证据，甚至建造袁崇焕故居、举办各种纪念活动、拍电视剧、出版相关书籍等，以确认袁崇焕的出生地。

如今在广西藤县新马村有袁崇焕雕像、故居纪念馆和碑廊，里面有袁崇焕400周年诞辰时全国各地书法家的手记，袁崇焕生前种的榕树也成了参天大树，庇佑后人。

广东东莞则建有全国最大的袁崇焕纪念园，面积达4.8万平方米，里面有牌坊、袁崇焕石雕像、袁督师祠、袁崇焕传记浮雕、故居、衣冠冢、三界庙等景点；石碣村还重修了袁崇焕故居，并在袁崇焕诞辰等重要日子举办活动，出版相关书籍来纪念袁崇焕，而东莞市政府甚至启动项目拍摄电视剧《袁崇焕》（唐国强为总导演，邵兵等主演）……

英雄总是受人爱戴，这点是毋庸置疑的，也是能理解的。对袁崇焕来说，广东和广西对他有着极为重要的意义，二者都是他的故乡。在这里，我们着重介绍袁崇焕的祖籍地广东东莞。

据《东莞县志》记载，袁崇焕曾在被迫辞官回乡期间，在重修三界庙时拿

① 守义坊，后又称袁屋墩。

出准备在罗浮山[①]筑庐隐居的养老钱修庙，并在《重修三界庙疏文》中，声称自己的家乡是水南。

袁崇焕出生时，没有什么奇异的现象，既没有刮风下雨出现彩虹，也没有仙女降临，他母亲更没有感应而孕然后生下他。他跟万历十二年（1584）出生的绝大多数婴儿一样，由母亲怀胎十月而降临这个世界。

出生后，袁崇焕的表现也很一般，并没有留下天资聪颖、天赋异禀等传奇故事。事实上，在他经略辽东之前，他的人生可以用两个字来概括：普通——普通的出身、普通的成长经历、普通的官场经历、普通的婚姻等。

作为大英雄的他人生竟然这般普通，这让很多人觉得很没有意思。但是，这才是真实的英雄，如果非要找出些与袁崇焕有关的传说，那么倒是有一个，即“袁崇焕是三界公化身”的传说。

三界庙是水南村里的一座庙。水南村是今天广东省东莞市石碣村的一个行政村。这个村是个风水宝地，它东边挨着石龙镇（该镇是明清时期广东四大名镇之一），广深铁路也从这里经过，其南边是风景绮丽的东江河。三界庙就在水南村里。庙里供奉着一座神灵，人们称之为三太公，三太公神位旁边有两株小榕树。

这两株小榕树跟袁崇焕有关。据说，袁崇焕幼年时，背上长毒疮，到处寻医问药都没有效果。袁崇焕的母亲叶氏就前往三界庙祈愿。她见三界庙破败不堪，瓦面漏雨，水径直滴落在三界公的背上，滴出了一个小洞。叶氏见状，就请人来修庙，并用灰泥将三界公塑像背上的小洞填补上。说来奇怪，庙修好后，袁崇焕背上的毒疮也就好了。人们觉得很神奇，认为袁崇焕是三界公的化身。

---

① 罗浮山雄峙于岭南中南部，坐临南海大亚湾，毗邻惠州西湖。汉代司马迁曰：“罗浮汉佐命南岳，天下十山之一。”它被道教尊为天下第七大洞天、三十四福地，被佛教称为罗浮第一禅林，现在是国家级风景名胜区和国家AAAAA级旅游景区。

袁崇焕像

虽然出生于商耕之家，但是袁崇焕一家日子算不上富裕。这点从袁崇焕写的《三乞给假疏》可以看出，他说：“我家没有多少钱财，日子都是紧着过的。”他的堂兄袁崇茂是一位秀才，堂叔袁玉佩曾做过平乐府推官①，亲戚林翔凤②做过蓟镇督粮推官。不管是当官的还是做生意的，袁家都不能算阔绰。事实上，就算袁崇焕后来成为封疆大吏，他也是囊中羞涩。当时，袁崇焕被杀，清朝诗人用“甑釜歌诗去后传”来评价袁崇焕。这里的甑釜歌诗指的是东汉范丹，此人非常贫穷，时常断炊，诗人用这个典故来写袁崇焕当官时的情况，可见袁崇焕的经济状况。

袁家的经济情况可以这样概括：家大口阔。为了养家糊口，袁崇焕的父亲袁子鹏只好和祖父袁红瑁背井离乡，做点小生意，父亲和祖父经常往来于藤县和东莞，在家时间较少。

所幸的是，袁崇焕家族较大，兄弟姊妹也较多，他在老家有许多长辈照顾，也可以和许多同龄玩伴一起游玩，日子也算过得快乐幸福。更为重要的是，袁子鹏本身也不愿意长时间过着与妻儿老小分离的生活，他在经商之余也常常思考定居之事：要么回乡，要么举家搬迁。

① 平乐府，明清广西省的行政区。顺天府、应天府的推官为从六品，其他府的推官为正七品，掌理刑名、赞计典。

② 林翔凤，先中万历十六年（1588）武举，后又中万历三十一年（1630）文举。

鉴于生存的压力，他无法放弃木材生意回到乡里过安稳的生活，如此一来，就只能是举家搬迁。搬迁到哪里？袁子鹏开始留意经商途经的地区，由于经常到藤县，且藤县的风景优美，他决定定居于此。《藤县志》有过记载：“其先广东东莞人，父子鹏游西江，过藤县，慕白马川之胜，遂卜居焉。”

狄青像

白马因浔江（梧州至桂平段）分隔为南、北两白马，其中南白马归梧州府藤县管辖，北白马归浔州府平南县管辖。自古以来就是兵家必争之地。秦朝时，赵佗率数十万大军南征，喜得白马，就在南白

赵佗像

马设立了白马驿；汉代因为北边水运发达，南边地形有限，就将白马驿迁到北边；唐代著名军事家李靖率军抚慰岭南各地时，也被白马的气势折服，写下了偈语："南白马，北白马，白马双英甲天下，状元下马，元帅上马。"此外，宋代著名战将狄青、明代名将韩雍也都曾在白马驿驻留过，抗倭女英雄瓦氏夫人（田州土司岑猛之妻）则更是在此安营扎寨过。

久而久之，白马圩就有了"白马有英雄气"之说。袁子鹏决定搬到白马不知是否受到了这种说法的影响。

在袁崇焕14岁那年，袁崇焕一家迁往广西藤县白马圩（莲塘村）[①]。

① 明崇祯元年（1628），袁崇焕任兵部尚书，指挥河北、辽宁、山东的军队，总制三边，曾在白马圩建有"总制三边坊"，原坊已毁，1987年平南县政府重建"总制三边坊"，高13.38米，坊碑上有仿古图案。

2. 人生目标：报国

在当时“万般皆下品，唯有读书高”的价值观影响下，袁崇焕的人生之路便注定是科举之路。在长辈的教导之下，袁崇焕认真学习，颇有成就，在诗文书法方面尤其可观，这点从后来的《率性堂记》可见一斑。

不过，他并不是手无缚鸡之力，一心只读“圣贤书”的文人，相反，他身强力壮，尤喜兵法等书，练得一身好武艺。很显然，学成文武艺，货与帝王家，这一点，袁崇焕没有办法改变，但是他选择文武兼顾，有意识地将自己锻炼成能文能武的人才。《明史》本传说他“为人慷慨负胆略，好谈兵”“以边才自许”。

戚继光雕像

他对大明帝国的于谦尤为钦佩，认为于谦是真正的英雄人物，“拔剑舞中廷，浩歌振林峦。丈夫意如此，不学腐儒酸”。他屡屡在诗文中表现自己的想法，“磊落丈夫谁好剑？牢骚男子尔能兵！才堪逐电三驱捷，身比飞鹏一羽轻”，希望有一天自己能像于谦一样匡扶社稷。

袁崇焕视于谦为偶像，但是他也许不知道，冥冥之中，他走上了跟于谦类似的道路，虽然力扭时局，但最终因为权力斗争而惨遭杀戮。

当然，青年时期的袁崇焕不可能知道这些，他只知道，自己要实现理想只有一条道路：科举。

在当时，科举不仅是贫民人家改变命运的道路，也是仁人志士建功立业的捷径。摆在袁崇焕面前的只有这条路，但是袁崇焕在科举道路上走得并不顺利。

科举考试是中国的独创，它历史悠久，闻名于世。它起于隋唐，终于晚清，前后持续了一千多年。对政府而言，它是选拔人才的工具；对民众而言，它是光宗耀祖、名利双收的敲门砖。

也正是因为科举考试于国于民有利，所以它的生命力才如此顽强。一般而言，科举考试分为三级：乡试、会试、殿试。乡试考场设立在地方省会城市；会试考场设立在首都礼部；殿试考场则设立在皇宫，主持者为皇帝本人。考试结果按分数高低来排，前三名分别叫作状元、榜眼和探花。如果有人在乡试、会试、殿试中都拿到第一名，那么就是连中三元。

唐朝科举主考诗赋，宋朝考经略方策，明朝则与众不同，考四书，所以，明朝的钦定教材是《大学》《论语》《孟子》《中庸》。它不像现代高考一样，讲求全面发展，既要考语数英，又要考政史地（或者物理、化学、生物）。

袁崇焕十一二岁的时候，在袁子鹏的安排下，到广西平南参加县试。虽然袁崇焕的成绩不错，但是由于他改户籍参加考试被当地人告发，惹来了牢狱之灾。根据明朝的考试规定：“凡诈冒籍贯，或有系倡优隶卒之家，及曾经犯罪问革，变易姓名，侥幸出身，访出拿问。”不过，经袁子鹏的疏通，考官做出了裁

张居正荆州故居

决：袁崇焕的考试成绩作废。

成绩作废，没有办法，袁子鹏只能另想他法。他又将袁崇焕的户籍地改为藤县并登记成功，袁崇焕就又到藤县参加县试，结果14岁那年，袁崇焕不负众望，接连考过县试、府试和院试，得补弟子员，也就是考中了秀才，得以在县学上学。

这在当地引起了轰动，因为在当地很少有人14岁就能考中秀才，于是人们都称袁崇焕为“神童”。当然，袁崇焕也因考中秀才而具备了士绅的身份，就算他最后没有考中进士，他在当地也算是有头有脸的人物了。

但袁崇焕的理想不止于此，他想做的是修身齐家治国平天下的大人物，而不是偏居一方的小人物。于是，他继续埋头苦读，毫不松懈，积极准备乡试。但是，科举考试越往上考，难度就越大。在明朝，乡试三年一次，全国考过乡试的人数极为有限，有时都不到一千人。乡试竞争激烈也可见一斑。

在县学，袁崇焕碰到了两位好老师，一位是教谕李忻，广西武宣人，举人出身；一位是训导萧如云，广西临桂人，监生（国子监生，又称“太学生”）出身。两人非常赏识袁崇焕，说他“胸次磊落，抱负不凡”，为他取字“元素”。事实上，袁崇焕学习也非常刻苦，胸怀大志向，这从他写的《博浪城》可以看出来：

一椎如许大，误中亦由天。
此事同儿戏，留侯尚少年。

张献忠像

不过，年少时积极向上并不能代表未来也如此。袁崇焕的未来究竟会如何，还得留待时间去衡量和见证。实际上，顺利考中秀才后，好运似乎并没有再轻易眷顾袁崇焕。

袁崇焕虽然很努力，但是他在前两次考试中都名落孙山，直到第九年才考中乡试（也就是第三次参加乡试才考中）。万历三十四年（1606），也就是袁崇焕二十二岁这年，他到广西桂林参加乡试。同时，也就是这一年，影响明朝历史走向的明末农民起义领袖李闯王、张献忠出生了。

袁崇焕顺利过了乡试，当上了举人。袁家鞭炮声响，锣鼓大作，庆祝袁崇焕通过乡试，成功晋升为举人。虽然说袁崇焕不算出类拔萃，但是考中举人还是让他兴奋了好一阵子。中举后，袁崇焕回到广东东莞祭祖，并作了一首诗《登贤书后回东莞县谒墓》：

少小辞乡国，飘零二十年。
敢云名在榜，深愧祭无田。
邱陇棠梨在，衣冠手泽传。
夕阳回首处，林树郁苍烟。

这段时间，踌躇满志的他，在《秋闱赏月》中写道：

战罢文场笔阵收，客徒不觉遇中秋。
月明银汉三千里，歌碎金风十二楼。
竹叶喜添豪士志，桂花香插少年头。
嫦娥必定知人意，不钥蟾宫任我游。

大有一举蟾宫折桂的气魄。不过，后面的考试竞争越发激烈，袁崇焕屡次不第。

3. 名落孙山

科举考试是几家欢喜几家愁。袁崇焕过了乡试，但是考试并未结束，随之而来的是会试。所以，就在家人欢庆的时候，袁崇焕开始备战会试。

会试不同于乡试，竞争更加激烈，乡试人才再多不过是一个省，而会试，那可是来自全国各省的人才一起在挤独木桥。也正因为如此，会试远比乡试级别高，一旦考中会试，那便是贡士，能够得到官职。

对袁崇焕而言，考上了，光宗耀祖不说，还能够实现自己的理想；没考上，名落孙山，个中滋味只能自品，日后还得再考。

当然，袁家人也对袁崇焕极为关切。他们不仅悉心照料袁崇焕的衣食起居，还请来富有科举考试经验的亲朋好友辅导袁崇焕，为其传授考试经验。

参加考试的人，不管实力如何，内心对考取第一名多少有一丝渴望。袁崇焕也不例外。小时候，他就立志要报效国家，如果他考中状元，那么他将能得到更为广阔的施展空间。但是，从实力上看，袁崇焕想考取全国第一名并不现实，他的乡试成绩一般，而想要在人才济济的会试中独占鳌头，似乎很难。

为了通过会试，袁崇焕将全部精力放在学习上。每天天不亮，他就起床背复习资料，每天晚上做往年的试题，可以说，他每天起得比鸡早，睡得比狗晚。

按照朝廷规定，会试分三场。虽然古人考试主考语文，但是从时间安排上来看，却是极大的考验。一次考试就得考一星期，这种持久作战，对考生而言，不管是心灵上还是肉体上，都是极大的考验。

抵达北京后，袁崇焕一找到住处，就安心积极备考。他非常勤奋，不仅挑灯夜读，还足不出户，整天翻阅复习资料。

与其他寒门子弟相比较，袁崇焕是幸福的。他无须担心路费，无须担心吃饭问题，更不需要担心租房问题。

可第一次参加会试，袁崇焕落榜了。对于这个结果，袁家上下也是颇为遗憾。不过，袁家人不是板着脸教训袁崇焕，你怎么这么没出息，连个进士都考不上之类的，而是纷纷开导袁崇焕。

怜悯失败之人是人的天性，事实上，失败之人得到怜悯也不容易走极端。但是，外人开导归开导，失败的滋味只能袁崇焕独自去承受。

对袁崇焕来说，落榜并非难以接受。就袁崇焕自身各方面来说，据史料记载，袁崇焕并不像张居正、王守仁（王阳明）那样天生就是读书的料，年纪轻轻就高中，他学习成绩应该属于中等。就连这两位前贤也并非第一次参加会试就榜上有名，更何况是他袁崇焕了。

加上参加会试的都是国内的佼佼者。如此聪明绝顶的人聚在一起考试，录取率又极低，其竞争激烈程度就不用说了，更何况这些人中还有多次参考未中的学生，他们不分日夜研究科举考试，背诵考试资料，在这一层面上，他输给人家，考不上，也正常。

所以，失意的袁崇焕和其他失意之人只好灰溜溜回到老家。回到老家后，有些人当起了私塾老师，有些人扛起了锄头，有些人拿起了斧头……也有人拾起了书本，继续准备下一届会试，袁崇焕便是如此。此次不中，还有下次。

但是，他考了三次，失败了三次。对此，袁崇焕原本坚定的信心开始有些动摇。这一年，已是而立之年的他，考试又失败了。他写了一首诗《下第》：

遇主人多易，逢时我独难。
八千怜客路，三十尚儒冠。
出岫云应懒，还枝鸟亦安。
故园泉石好，归去把渔竿。

袁崇焕的失意跃然纸上，他甚至想回老家过田园生活。

如果真是这样，那么历史又会如何呢？事实上，我们都无法假设，因为历史没有如果。

4. 苦心人，天不负

所以，当别人擦干眼泪奋战下次会试的时候，三次考试不中的他则离开首都回老家“休养”。

在“休养”期间，袁崇焕阅读了大量兵书，他认为天下时局不稳，北边少数民族不时侵扰，南边少数民族也不安宁。可是，朝中无大将，泱泱大明帝国，岂能如是。所以，袁崇焕决定好好研究兵书。

也许是冥冥中自有天意，阅读兵书的间隙，他也看看其他书。而这一天他又拿着朱熹的书读，读到“居敬持志，为读书之本；循序致精，为读书之法”，突然间，他拿着书狠狠地敲打自己的脑袋。

他疯了？不是，他顿悟了。朱熹这

朱熹像

句话的意思是，读书要内心恭敬，要立下大志，然后一步步来，一字字看，由浅入深，由深到浅，这样才行。一句话，有志者立长志，无志者长立志。

袁崇焕知道，他以前读书不是这样的。他从没有搞明白过自己要读什么书，今天读儒家，明天读道家，后天读兵家，什么都读。可是，读得多不代表懂得多，因为学得不精，不精意味着读书没入门。

搞明白自己的问题出在哪之后，袁崇焕便开始重新审视科举，从内心里正视科举，研究科举。经过三年的努力，他再次参加会试，这一次他成功了。

通过会试之后，袁崇焕参加了殿试。殿试由帝国皇帝主持，考试时间是万历四十七年（1619），跟乡试和会试不一样，殿试只考一道题：时务策。考完后第三天放榜。当然，跟乡试不一样，过了会试的考生参加殿试不会被刷下来，而只是排名次。

孙传庭像

名次跟现在考试一样，以成绩高低来排。录取分为三甲，一甲三名，即状元、榜眼、探花，赐进士及第；二甲若干，一般是十几个，赐进士出身；三甲若干，赐同进士出身。说得简单点，一、二、三甲通称进士。

放榜当天，袁崇焕心情忐忑地来到榜单前，他从头一直往后看，一甲没有，二甲没有，三甲……他高度紧张地往后看，第四十一名孙传庭[①]、第四十名袁崇焕。终于过线了！袁崇焕舒了口气：总算考上了。由于此科状元名字叫庄际昌[②]，所以也叫庄际昌科。

① 孙传庭，山西人，中进士后被派到河南永城当县令，因不满阉党乱政，辞职回家，后来应诏当官。崇祯十五年（1642）任兵部侍郎，督陕西，次年升为兵部尚书（改称督师）。带兵镇压李自成、张献忠起义，后来因为粮草、瘟疫问题兵败被杀。《明史》称“传庭死，而明亡矣”。

② 庄际昌，字景说，号羹若。万历己未进士，会试、殿试皆第一，是明代福建文人会试和殿试都考第一名的人。他的父亲庄龙光，是万历丙子科副榜赠左春坊左庶子兼翰林侍读。其母亲陈氏，桐城镇抚巷人，诸生陈完公之女，四川涪州别驾公的曾孙女。

第二章

帝国危机：辽东起战火

1. 悲剧的万历四十七年

登科对袁崇焕和袁家来说，是天大的喜事；对大明帝国的官员们来说，这不过是通过科举考试的一个文官，他们没有加以注意，甚至不知道袁崇焕是哪来的。相反，整个朝廷高层官员愁眉苦脸，因为万历四十七年（1619），对大明帝国来说，是多灾多难的一年。

首先是老一辈的文臣武将死的死，伤的伤，下狱的下狱，退休的退休。比如薛三才、黄承玄、杨应聘、杨镐等人。

薛三才，浙江定海人，万历十四年（1586）进士，历任兵、户、礼三科给事中，经常针对时弊上书，多被朝廷采纳。薛三才在担任湖广参政期间，更是秉公办事，清除流弊，节省经费数十万两。后来，他以右佥都御史巡抚宣府，裁兵清饷，筑堡修屯，所省粮料银达二十万两。由于政绩斐然，他总督蓟辽、保定军务，调兵筑营、练火器、修战车。后来，薛三才以功升任协理京营戎政兵部尚书。朝廷原想靠他经营辽东，只可惜，他于万历四十七年死于任上。

黄承玄，万历十四年（1586）进士，擅长治河，因为治河有功，升任右副都御史，巡抚福建，颇有政绩，死于万历四十七年。

杨应聘则是文武兼备的能臣干将。他是万历二十三年（1595）进士，当过知县、户部主事、右佥都御史、宁夏巡抚、右副都御史、兵部左侍郎、陕西三

万历皇帝

边总督、代兵部尚书。在陕西三边总督任上，他作战勇敢，战功卓著，深受朝廷赏识，于万历四十七年十一月署兵部尚书。他曾经上书朝廷，调湖广等省官兵二万余人驰援辽东，得到朝廷的认可。不过，不幸的是，这位老将在次年三月初六就去世了。

孟一脉，山东东阿人，隆庆五年（1571）进士，授平遥县令。此人在贪官污吏横行的大明帝国晚期能够洁身自好，且勤于廉政，实在难得。他因为政绩升任南京御史，刚正不阿，直言好谏。不过，此人因弹劾张居正被革职为民。张居正去世后，他官复原职，继续针对时弊大胆谏言，疏言时政五事，逆旨，被贬官，于万历四十七年去世。

能臣干将原本就少，且不断老去，而活着的不是拼了命捞钱、享受，就是在搞党争，要不就是被压着上不去，而新生力量尚未成长，朝廷人才青黄不接的形势极为严峻。

其次是地方农民起义。为了镇压努尔哈赤的叛乱，辽东年年增加兵力，万历四十六年（1618）九月，朝廷第三次加征田赋，每亩加赋银三厘五毫，全国共派银231万两。但是辽东兵马给事中姚宗文[①]觉得不够，便上书请求继续加饷银三厘五毫，全国增派200万两。结果，老百姓越来越穷，处于水深火热之中。

万历四十七年（1619）五月，福建发生农民起义。漳州府民李新发动起义，建元“洪武”，与袁八老等人率众攻打府衙，声势浩大，震惊全省，乃至全国。福建巡抚王士昌令副将纪元宪[②]、沈有容[③]等带领官军前去围剿，由于沈有容有勇有谋，指挥得力，起义失败，袁八老逃往广东。

万历年间，蓟州人皮匠王森改行传教，他以救狐得信香而创闻香教，自称是闻香教教主，与无为教、棒检会多相联络，支派繁多，还自称是白莲教教主。由于长期传教，教徒信众极多，遍布河北、山东、山西、河南、陕西、四川等地，据说有二百余万人，影响很大。万历二十三年（1595），王森以左道乱正之罪被捕判刑，但是他贿赂官员得以释放。随后，他明目张胆到京城传教，在万历四十二年被捕，万历四十七年被杀。没几年，其子王好贤与徐鸿儒发动起义。叛军很快攻克郓城、邹县、藤县、峄县，“众至数万”，屡败官军。更为要命的是，于弘志在河北武邑、枣强、衡水等地也揭竿而起，刘永明聚众二万人，与徐鸿儒队伍会合，叛乱声势大振。他们的作战计划是“南通徐淮、陈、颍、蕲、黄，中截粮运，北达神京，为帝为王”。最终，徐鸿儒被部

① 姚宗文，万历三十五年（1607）进士，由庶吉士授户科给事中。此人不懂军事，善于钻营，先是浙党，后来依附阉党，方从哲派他到辽东检阅军马，宗文不知军务，只知索贿，与熊廷弼不合。姚宗文谤熊廷弼于朝，后来又大肆攻击袁崇焕，逼死袁崇焕有他一份功劳。

② 纪元宪，于万历三十二年（1604）中武进士。

③ 沈有容，少年时便立志从戎报国，万历七年（1579）中应天武试第四名，后北上投军，先后在蓟辽、闽浙、登莱等边防或海防前哨服役。他在朝鲜战争、辽东战场屡立战功。尤值一提的是，在沈有容一生四十余载的军旅生涯中，他曾率军三次进入台湾、澎湖列岛，歼倭寇，驱荷兰入侵者，成功地保卫了台湾。

下出卖被杀，起义失败。

对摇摇欲坠的大明帝国来说，这些起义只算是小打小闹，而辽东则是大明帝国的心腹大患。

这一年，辽东局势不断恶化。杨镐统率的四路大军征讨后金，结果三路全军覆没，只有一路撤回（因为畏敌如虎），明军伤亡无数。尔后，努尔哈赤转守为攻，攻克明朝边关重镇开原、铁岭，严重威胁大明帝国的统治。

2. 边缘地带的女真

女真族是中华民族的一员，是居住在中国东北白山黑水之间的一个古老民族。女真先秦时称肃慎，汉至晋时称挹娄，南北朝改勿吉，隋唐时称黑水靺鞨，辽代始称女真。

辽朝时，女真分为“熟女真”（开原以南的女真）和“生女真”（开原以北的女真），但辽朝并没有设立专门的机构对其进行管理。12世纪初，女真支部完颜部在其首领完颜阿骨打的领导下，依靠铁蹄和杀戮，建立了金朝，定都上京（今黑龙江阿城），先后灭了辽朝和北宋。

完颜阿骨打像

后来，震撼世界的蒙古军队崛起，蒙古大军以摧枯拉朽之势，三下五除二灭了金朝。元朝时期，进入长城的女真和汉人融合，而留在东北地区的女真则由辽阳行中书省[①]和奴尔干东征元帅府[②]管辖。

元朝末期，天下大乱，处于黑龙江和松花江的女真又开始了兼并战争，中国北部的女真经过一番迁徙与融合，形成三个部落：一支分布在浑河地区，东至长白山，南至鸭绿江，称为建州女真；一支分布于开原边外的辉发河、叶赫河地区，北至松花江中游，史称海西女真；在建州、海西女真以北的松花江中下游，北到黑龙江流域，东达库页岛的女真，则被称“野人”女真（又称东海女真）。三大部落之下，又有诸多小部落。

在这三大部落中，建州女真和汉族交往较多，生活条件也较好。在汉族先进文化和技术的影响下，建州女真发展较快。

在反元斗争中，朱元璋以强大的实力问鼎中原，从元朝手中接过统治权，建立了大明帝国。对于边境上的女真民族，大明帝国设立专门机构来管理。明朝初年，除了建立直属的辽东都司（后来为九边重镇之一的辽东镇）外，还在元朝东征元帅府旧址设立奴尔干都指挥使司进行管理。此外，明朝还在女真各部居住区建立许多卫所，分别授予女真各部首领都督、都指挥、指挥、千户、百户、镇抚等官职，对女真各部进行军事行政管理，在东北设立了“二十五个卫、一百三十八个所、二州、一盟”。朱棣在位时，还任命斡朵里万户府万户蒙哥帖木儿担任建州左卫都指挥使，管理女真三大部落和蒙古。按照规定，女真各部首领要按照明朝规定的期限进京述职，并交纳贡赋。

整体来说，从朱元璋到隆庆朝李成梁[③]经略辽东22年间，明朝对辽东问题的处理是较为成功的。在此阶段，明朝采取的是战守结合的策略，一方面防守，

---

① 元朝设立的一级行政机构。

② 元朝镇守黑龙江下游及库页岛等地的军事机构，隶属于辽阳行省。

③ 李成梁，明朝后期将领，英毅骁健，大有将才，镇守辽东战绩斐然。但是他的战功并没有换来真正的和平，他与努尔哈赤往来密切，努尔哈赤起兵并得到他的庇佑而壮大发展，这也是他为后人诟病的地方。

一方面出边塞作战，从而达到以战固守的目的。《明史》盛赞李成梁之“师出必捷，威震绝域”，所谓“边师武功之盛，二百年未有也”。这一时期，明朝的唯一劲敌是蒙古，而非女真。

从万历中期到萨尔浒之战，近30年间，明朝在辽东的基本战略逐渐变为以守为主。万历十九年（1591）至万历二十九年（1601），随着李成梁卸任，辽东局势发生很大变化，“八易大将，戎务尽弛，战守无资，辽事大坏”。

在迫不得已的情况下，明朝又请李成梁出山，可是这个时候，努尔哈赤早就强大起来。更要命的是，李成梁再度上任后的8年时间内，不是整饬边防，而是贪得无厌，辽东局势濒临崩溃。

努尔哈赤，满族人，出生于明建州左卫赫图阿拉（今辽宁新宾老城）一个女真贵族家庭。他的祖父觉常安是建州左卫都指挥使，他的父亲塔克世是建州女真领袖。

在祖父、父亲两代人的影响下，努尔哈赤也走上了从军之路。在青年时期，他投到李成梁的麾下。在军营中，有军事行动时，他随军征战，屡立战功，闲暇时，他就广交汉人，熟读《汉书》《六韬》《三国演义》《水浒传》等，努力提高自己的军事素养。

如果不发生李成梁误杀努尔哈赤祖父、父亲事件，那么努尔哈赤也许只是大明帝国边缘地带的一个军官，过着和他父辈一样的生活。但是，历史没有如果，这次误杀事件改变了历史的走向，改变了明朝的命运。

3. 努尔哈赤的战争

祖父、父亲被明军误杀，让努尔哈赤从此与明军决裂。他含着眼泪和仇恨离开明军，回到建州，寻求发展。明朝为了安抚他，让他袭任建州左卫都指挥使官职，赐敕书30道，马30匹。不过此时的努尔哈赤早已厌倦了这种高兴时赏赐，不高兴时赐死的生活。他决定依靠自己的力量建立属于自己的王国，“阴有并吞诸部之志”。

造反是要掉脑袋的。努尔哈赤非常清楚，但是他还是选择这样做。为什么？努尔哈赤意识到，只有更加强大才能生存下去，他要将命运牢牢掌握在自己的手中。所以，虽然只有13副铠甲，近百名士兵，但是他毅然起兵造反。这一年，他25岁。

他首先攻打尼堪外兰的图伦城（今抚顺东）和界凡城（今辽宁新宾西北）。成功打下了尼堪外兰后，他积蓄力量，统一了苏克苏浒部，攻占了萨尔浒城（今辽宁抚顺东大伙房水库附近）。

纯粹的武力征伐并非最佳手段。对此，努尔哈赤心知肚明，他制定了针对女真各部上层的策略：“恩威并行，顺者以德服，逆者以兵临。”具体说来，就是采取联姻、结盟，拉拢小部落攻打强大部落的策略。最终，努尔哈赤在万历十六年（1588）统一建州五部，“环满洲而居者，皆为削平，国势日盛”。

为何努尔哈赤不直接跟明朝开战呢？很明显，女真前几代领导人，就是因为凭借一点小家底起家后，夜郎自大，而跟大明帝国叫板，最后落了个权财两空赔上性命的下场。努尔哈赤深知他必须先生存下去，然后再作其他打算。事实上，直到他死，他都没能突破山海关，更别说灭了大明帝国。

面对努尔哈赤所取得的胜利，海西女真部落首领寝食难安。海西女真居住在松花江流域，东界建州女真，西临漠南蒙古，南至开原。其中实力最强大的叶赫贝勒纳林布禄要求称王，索取土地，责令归顺，但是努尔哈赤说道："国非牲畜可比，焉有分给之理？"

政治和谈不成，军事作为政治之延伸便有了用武之地。战争一触即发。对努尔哈赤来说，这场战争他有几个优势：首先，他的实力强大，兵力达1.5万人，军械、粮食充足；其次，明军驻辽东的主力开赴朝鲜战场抗日，辽东明军兵力空虚，努尔哈赤不会两面受敌；最后，明军多次对海西女真的叶赫、哈达等部进行镇压，海西实力受到严重的削弱。

不过，努尔哈赤要面对的是九部军事联盟，而不单单是海西的叶赫部。万历二十一年（1593）九月，叶赫贝勒布寨、纳林布禄拉着哈达、乌拉、辉发三部和长白山珠舍里、讷殷二部及蒙古科尔沁、锡伯、封尔察三部组建了九部联军，总兵力3万，兵分三路，先发制人，对建州女真发动进攻。

其中，一路是叶赫部，兵力1万，是进攻主力，一路是由哈达部孟格布禄、乌拉部布占泰、辉发部拜音达里带领，兵力1万，还有一路是由科尔沁部瓮阿岱、莽古思、明安统率的人马，兵力1万。

二比一的比例，这让建州女真大吃一惊。大兵压境，全军上下面露惧色。但努尔哈赤毫不在意。他派人前去打探情况，然后说："来兵部长甚多，杂乱不一，谅此乌合之众，退缩不前"，"我兵虽少，并力一战，可必胜矣"。随后，他就在古勒山（今辽宁新宾上夹河乡胜利村）进行军事部署：在敌军前来的道路上埋伏精兵，在高阳崖岭设置滚木石，在沿河峡路上设置路障，陈兵严阵以待。

战斗开始后，建州女真采取擒贼先擒王的战术，射杀叶赫部首领布寨、射伤叶赫部将领。其他各部见状，纷纷夺路而走。而后建州女真则疯狂追杀，此战歼敌4000人，缴获战马3000匹、铠甲1000副。

此战让努尔哈赤打出了威风。随后，努尔哈赤继续征伐海西女真。万历四十七年（1619），努尔哈赤在萨尔浒之战后，切断了明军对叶赫的支援，最终灭了叶赫部，吞并了海西女真。

吞并海西女真之后，努尔哈赤将目光放到了野人女真上。野人女真分支很多，主要是东海女真和黑龙江女真。当时东海女真主要有3个部落，分别是窝集部、瓦尔喀部、呼尔哈部，它们集中在松花江和乌苏里江流域及乌苏里江以东滨海地区。而黑龙江女真分为5部，分别是萨哈连部、虎尔哈部、使犬部、使鹿部、索伦部等，集中在黑龙江流域。

万历二十六年（1598），努尔哈赤派长子褚英领兵攻打瓦尔喀的安褚拉库路，第二年呼尔哈部归降；万历三十七年（1609），建州女真攻打窝集部，斩获颇多，那木都鲁、瑞芬、宁古塔、尼马察四卫前来依附；万历三十九年（1611），建州女真征讨乌尔古袁、木伦，征服扎库塔城。万历四十三年（1615），建州女真基本上消灭窝集部，吞并东海女真，取代了明朝对东海女真的统治。

跟东海女真相比，黑龙江女真一直直接处于明朝的管辖之下。不过，努尔哈赤也不打算就此放过黑龙江女真，他在攻打东海女真的同时，表面臣服明朝却暗中攻打黑龙江中游的萨哈连部，同时招抚使犬部，攻打了库页岛附近小岛上的女真部落。如此，黑龙江女真纷纷归附。

努尔哈赤用了30多年的时间，统一女真各个部落，统治区域“自东海至辽边，北自蒙古嫩江，南至朝鲜鸭绿江，同一音语者俱征服”。

马上夺天下，却难以马上治天下。努尔哈赤也意识到了这一点，为了加强统治，他建立各种制度和机构，对军事、文化、政治等方面进行相应的改革。

第一，军队建设，建立八旗制度。努尔哈赤起兵时，兵不过百人，甲13副，但是到了万历十七年（1589），他已经拥有环刀军、铁锤军、串赤军和能射军。万历二十九年（1601），努尔哈赤将300人编为一牛录，每牛录设牛录额真一员，并规定以黄、白、红、蓝四色旗为牛录的标志。万历四十三年（1615），努尔哈赤又添了四旗，“参用其色镶之，共为八旗”。

第二，创制满文，学习汉文化。万历二十七年（1599），努尔哈赤命额尔德尼和噶盖照蒙文字母，对照女真语音，拼读成句，史称“老满文”。

第三，称王即汗位，设立统治机构。努尔哈赤统一建州女真时在费阿拉（今辽宁新宾西南）筑城，“定国政，禁悖乱，敢盗贼，法制以立”，不过他对外声称其为明朝建州左卫一部分。万历十七年（1589），他开始称王。万历三十一年（1603），努尔哈赤迁都赫图阿拉（后称兴京，今辽宁新宾老城）。万历四十四年（1616），努尔哈赤则在赫图阿拉称汗登位，建元天命，建立“大金”（史称后金）。

女真一族随着势力不断增强，开始侵扰明朝边境，成了大明帝国后期的心腹大患。明朝由一开始的忽视到坐山观虎斗，到恍然大悟时，女真已经崛起。努尔哈赤起兵可以说改变了中国历史走向，它是后金和明朝历史的一个拐点。但是，在当时，不管是后金还是大明帝国，没有人会想到大明帝国会在短短几十年内分崩离析，而后金可以入主中原。

4. 天灾下：生存乃第一要义

为何明朝会坐视努尔哈赤扩张，任由努尔哈赤“祸乱地方”，一家独大呢？如果能够趁着努尔哈赤势单力薄时，派兵镇压围剿，努尔哈赤怎么可能坐大呢？

大明帝国之所以这么做，起码有几个方面的原因：一是，朝廷压根儿不认为努尔哈赤会掀起多大的浪，全国各地起义不断，而且几十万人的起义，明朝都镇压过，努尔哈赤才几个人；二是，明朝本来实行的就是拉拢、离间的策略，他们更乐意看到女真自相残杀，如果努尔哈赤能在混战中战死，那就更好；三是，明朝的重心不在女真身上，而在更大的战争上。在这期间，光是大战就有四次，即宁夏之役（1592年）、朝鲜战役（第一回冲突自1592年至1593年，第二回冲突自1597年至1598年）、播州战役（自1599年至1600年）、明缅战争（自1583年至1606年），其中前三次战争被称为“万历三大征”。

众所周知，打仗打的是资源。张居正辛辛苦苦、得罪无数人积攒下来的帝国财富基本上毁在了万历皇帝几大战争中。更为严重的情况是万历三大征将大明帝国的辽东精锐耗费殆尽。

对外战争打赢了，但是战争给大明帝国带来了巨大危机。这也是大明帝国坐视努尔哈赤四处征战的根本原因。

努尔哈赤自己也很清楚，以自己目前的实力不能与大明帝国抗衡。这也就是为何老打胜仗的后金在打完仗毁掉城池后收缩兵力龟缩小地方的根本原因。于是这时就出现了一个相对稳定的局面：努尔哈赤不再进攻，大明帝国无力讨伐。

谭纶像

原本相安无事，但是不幸的是，天灾袭来。东北地区发生了严重的自然灾害，朝鲜《光海君日记》记载：天命初，东北水灾，“胡地尤甚，饥寒已极，老弱填壑，奴酋令去觅食”。饥寒交迫，饿殍遍野，民众的生存压力威胁着努尔哈赤的统治，生存的本能让他豁出去了。

其实，大明帝国虽然是泱泱大国，战争资源丰富，但是遇到天灾，大明帝国已然成为“殃殃大国”，人多反倒成了负担，战争资源被消耗掉，大明帝国的日子其实比后金还难过，农民起义也是接二连三地爆发。

面对天灾，努尔哈赤决定铤而走险，转移矛盾，他对民众说：“要想不饿死，我们只能从明朝人那里抢夺食物。”于是，努尔哈赤对大明帝国宣战了。努尔哈赤决定先掠夺抚顺。为何选择抚顺？因为抚顺有钱有资源。

四月十四日，后金分两路对抚顺发动突袭，其中主力在右路，共有1.5万人，由努尔哈赤亲自统率，进攻目标是抚顺；左路有4旗，共计5000人，进攻马根单（今辽宁抚顺境），作围攻之势。

抚顺是明朝与建州女真互市的重要场所。虽然日子难过，明军并没有想着掠夺女真的食物来过日子，但是他们也没有做好女真可能前来劫掠的准备，或者说没有想过女真会在光天化日之下集体来抢劫。

四月十五日清晨，后金派出一支假冒商人的突击队将抚顺商人和军民引诱出城外贸易。如此一来，城内空虚。紧接着，努尔哈赤率领主力杀入城内，里应外合，内外夹击，打得明军措手不及，死伤无数，守备王印战死，抚顺守将李永芳[①]匍匐在地，投降，抚顺沦陷。同一天，左路后金也攻克了东州、马根单城寨。

抚顺的失守所造成的军事影响可以忽略不计，但是对后金来说，则意义非凡，它壮大了后金劫掠的胆子，更使后金士气旺盛。更为可恨的是，李永芳投降后，一直派出密探，刺探辽东情报、策反将士，扰乱明朝的军心。

消息传到辽东巡抚府，辽东巡抚李国翰紧急调兵支援。不过，此时努尔哈赤已经毁了抚顺城，正带着五百余寨的汉人和畜牧数万而返。

对此，广宁总兵官张承荫[②]、辽阳副将颇廷相[③]、海州参将蒲世芳率军1万，分三路追击后金。但是，由于战斗经验不足，战斗力不行，在努尔哈赤三面夹击之下，加上突然刮起大风，明军伤亡惨重，总兵官张承荫，副将、游击梁汝贵，参将及千把总等50余人阵亡，损失马匹9000匹、甲7000副、器械无数，明军“主将兵马，一时俱没”。

35年来，与明军第一次交战就获得如此大胜，后金士兵更加有恃无恐，原本做贼心虚，而今再也不害怕了。努尔哈赤也不见好就收，而是继续率领士兵“祸害”辽东。

---

① 明末将领，驻守抚顺，他与努尔哈赤有过密切联系，他的驻地也距离努尔哈赤赫图哈拉最近，是大明帝国的第一道防线。但他是第一个投降后金的明朝边将，后来还拒绝王化贞的招抚，并随努尔哈赤攻打清河、铁岭、辽阳、沈阳，并随军攻打朝鲜。

② 明末将领，智勇双全，善于骑射，征战蒙古、守卫边疆屡立战功，后来调到辽东，担任广宁总兵官。

③ 万历末任副将，随辽东总兵官张承荫拒清兵于抚顺，兵败突围出来，后见主将阵亡，复还，陷阵死。

五六月间，后金再度率领大军越过边墙，围攻抚安堡（今辽宁铁岭东南）、花包冲堡（今辽宁铁岭催阵堡区花豹冲）、三岔等大小堡，采取武力和威胁攻克了崔三屯及其周边的四堡，抢掠大量人畜财物。

劫掠成功后，尝到甜头的后金一发不可收拾了。七月二十日，努尔哈赤亲率部队进入鸦鹊关（今辽宁抚顺东南），围攻清河。跟抚顺一样，清河也是大明帝国边关重镇，是后金通往辽、沈的门户。它依据地形而建立，地形险要，四周都是高山，左边靠近沈阳，右边靠着叆阳，南挨辽阳，北控宽甸，是辽阳和沈阳的屏障。

后金以迅雷不及掩耳之势杀到城下，迅疾将城池围起来。对后金的劫掠行径和武力，清河将士早有耳闻。虽然有些将士贪生怕死，但是守城副将邹储贤、张旆仍率领6000多名官兵据城死守。张旆请求出城野战，但是邹储贤立即否决，转而采取拒城而守。

一方想要劫掠，另一方想要保境安民，如此一来，只有大战一场。后金一边出动大军攻城，一边则让人劝降。但是，这种威逼利诱的行径对守将来说不顶用，守将对劫掠者的回答是：火器齐放、滚木、擂石纷纷滚落到城下，弓箭密集如雨，射杀后金兵。战斗异常激烈，号称劲旅的八次进攻，八次都被明军击退。

抢劫不成反倒损失不小，努尔哈赤恼羞成怒，他命令将士凭借板车斜靠墙下，开始大规模挖墙作业。最后，东北角的城池塌陷，后金兵踩着尸体蜂拥而上，守城明军与敌军展开了巷战，在激战中，守将张旆、邹储贤等先后战死，清河沦陷，从三岔到孤山，城池被毁，粮食财物被劫掠一空。

不过，当时贺世贤驻守叆阳，得知清河有战事，立即披挂上马驰援，斩杀后金154颗首级，进副总兵。后来此人守辽阳，以身殉国。此是后话。

两次抢劫均告成功，这极大地鼓舞了后金八旗将士。他们贪婪的目光，盯着地图来回寻找下一个猎物。很快，他们盯上了会安堡。同年九月二十五日，后金又出动大军屠戮会安堡，洗劫一空不说还将300名屯民集体斩杀于抚顺关前，只留下一个人割去耳朵，给明朝带信。

这封信是这样写的："若以我为逆理，可约定战期，出边，或十日，或半月，攻城厮战。若以我为合理，可纳金帛，以了此事。"有枪就是草头王，干了杀人抢劫的勾当此时也有理。这种咄咄逼人的逻辑惹怒了大明帝国。

5. 大明帝国想当然了

对大明帝国来说，边关急报频频传入京城，的确不是什么好事。不到一年的时间，重镇抚顺、清河等沦陷，500多个堡寨被洗劫。

一个边缘地区的劫掠竟然如此嚣张，大明帝国不得不重视。面对后金咄咄逼人的行为，大明帝国是怎么想的呢？事实上，民众叛乱、盗贼滋事、响马扰民这种事情，存在两百多年的大明帝国早就见怪不怪了。

据史料记载，明朝是有史以来农民起义、农民战争以及各种叛乱最频发的朝代。单说朱元璋开国，大大小小的起义（民变）就有100多起，而且遍及全国各省。历史学家白寿彝说："一个王朝的初期，农民起义竟如此频繁，地域如此广泛，这在历代封建王朝中也是少见的。"

面对农民起义，大明帝国的第一方针是武力镇压，不管你是为了生存而起义，还是因为身心遭到双重压迫揭竿而起。

于是，大明的铁骑南征北战，灭了无数次起义，而那些起义的首领下场也很惨。《大明律·刑律》载："谋反大逆：凡谋反，谓谋危社稷；大逆，谓谋毁宗庙、山陵及宫阙。但共谋者，不分首从，皆凌迟处死。"万历三十四年（1606年），刘天叙等人谋反，起义失败，为首的七人被磔死。

对于民众叛乱，朝廷是有经验的。对于少数民族、边远地区叛乱，大明帝国也是经验丰富，比如蒙古，除了拉拢，如有来犯则以战固守；比如苗民八寨起义、大藤峡起义……

当然，对努尔哈赤的叛乱，大明帝国也是这样认为的：地方叛乱，镇压就是了。但是，大明帝国没有注意到，此次叛乱以及日后叛乱，乃至灭了大明的叛乱，都是由军人领导的，比如王嘉胤[①]是辽东士兵，王左挂、张献忠是延绥逃卒，神一元是辽阳逃卒、李自成是驿卒……

以暴制暴，可能有效，但是未必能根除暴力发动的根源。历史上每次暴乱的危害都很大，有人统计，绿林、赤眉农民大起义，重要战区的户口数基本上减少了百分之八十以上；隋末农民大起义和改朝换代混战持续了18年，全国人口从4600万锐减到1600万……

血的教训很深刻，但是人类的悲剧历史往往会重演。大明帝国很显然并不准备采取和谈的方式来处理辽东问题。明朝最懒的皇帝万历皇帝说："辽左覆军陨将，虏势益张，边事十分危急。"紧接着他要求督抚"便宜调度，务期殄灭，以奠封疆"。

朝臣议论纷纷，有的主战，有的主张暂时不要发动战争。山海关主事邹之易等人就说，驻军战斗力很弱，平日训练极少，打仗时一个劲地往后退。这一情况，朝廷也是心知肚明，但是，如果坐视努尔哈赤的劫掠行径不理，任凭强盗胡来，大明帝国的脸往哪摆呢！朝廷做出了决定："辽事议者，以必剿为主。"

于是，用武力消灭强盗成了共识。共识达成后，紧接着就是调兵遣将、粮草供给等战争准备。鉴于辽东的军力问题，将领和部队都从全国各地征调。人事安排上，万历皇帝亲自点将，他深知老将出马，一个顶俩。他任命兵部左侍

① 辽东逃兵，1628年和吴延贵等组织当地大批灾民揭竿而起，揭开了明末农民起义的序幕，李自成、高迎祥等人呼应，1631年遭到重创被奸细杀害。

郎杨镐为辽东经略，也就是剿匪最高军事长官，任命周永春[①]为辽东巡抚，任命原山海关总兵杜松为出关总兵官，任命原四川总兵官刘綎率兵奔赴辽东战场。老将到位后，官兵也纷纷到位，各路人马8.8万余人，加上朝鲜的1.3万余人，总共10万余人。但是，万历皇帝忘了，虽然老将出马，一个顶俩，但是将帅之间往往相互掣肘，这为后来剿匪作战失败埋下了伏笔。为了壮大声威，朝廷又从山西、陕西借调大型火炮300位，支援辽东战场。

经过紧张的准备，各路人马齐聚辽东，但是人马已到，粮饷却未到位。更致命的是，明朝后期将官克扣军饷、侮辱士兵以及有关后金骁勇善战的传言，导致许多官兵不战而逃，且将帅之间互相看不上。未战而内部先乱，此乃兵家大忌。

对此，万历皇帝和朝臣也是心知肚明，他们“恐师老财匮”，就拼命催促杨镐进兵。虽说兵家有言，将在外君命有所不受，虽说聪明的统帅都不打无准备之仗，但是杨镐无力与朝廷抗争。

---

① 出身教育世家，考试能手，19岁中举人，28岁中进士；当官也是一把好手，凭着政绩，升任辽东巡抚。到任后，他整饬边防、海防，训练兵马，筹划粮草，修城筑堡，深得上级的认可，开原沦陷后遭贬。

6. 老将有苦衷

杨镐，明末著名将领，万历九年进士。一开始他并未涉足军事，而是当文官。他当过南昌、蠡县知县，后到京都担任御史，后来升任大理评事、山东参议。升任山东参议后，他负责防守辽海道，曾经因雪夜袭击蒙古大获全胜，升任副使。期间，他因为治理地方有功，升任参政。

万历二十四年，日军侵略朝鲜，杨镐奉命经略援朝军务。万历二十六年，明军蔚山之战战败，杨镐因为谎报军功，被罢职。但是，明朝后期将帅奇缺，万历三十八年，他又被重新起用，巡视辽东。万历四十六年，后金攻破抚顺，朝廷命他出兵围剿后金。

早在杨镐出任辽东经略前，明朝官员就纷纷提出建议，要花精力经营辽东，比如王元雅。此人后来守遵化，城破身死。万历四十七年正月十九日，兵部职方司员外郎王元雅就辽东等军情向朝廷递交了六策书，希望朝廷“严责成、别功罪、戒欺蔽、督粮草、核战具”等策略。明神宗看后，深以为然，但却束之高阁，活生生地使朝廷丧失了一次巩固边防的大好机会。

正所谓，兵马未动粮草先行。打仗其实就是烧钱，没有钱，仗没法打下去。为此，朱诩钧下令借大工之用及马价各50万两作为军饷，并加派田赋，一共200余万两，万历四十七年时达520万两，这就是为后人诟病的“辽饷”。此外，万历四十七年二月二十二日，为了灭金，政府特设户部侍郎一人，由李长庚[①]兼右佥都御史驻扎天津，专门负责辽饷事宜。

此人到任后，请求造战船、通水路、议牛车、严海防，当时相关衙门商定每年运给辽东米一百八十万石、豆九十万石、草二千一百六十万束、银三百二十四万两。不过，户部太仓年年亏空，根本拿不出来钱粮来。于是，李长庚只好请求明神宗调用堆积如山的内府库。但是，明神宗龙颜大怒，坚决不允。如此一来，辽东后勤也得不到保障。

虽然整军备战了几个月，但是天时地利人和都不具备：当时，正处于冬天，不利于作战，尤其是不利于南方将士作战；地利方面，南方将士对辽东地形不熟悉，需要适应，而军队间的配合也需要时间磨合；人和方面，将官相互看不对眼，士兵不战而逃，军心不稳。

但在频频催促中，杨镐无奈只好宣布于万历四十七年（1619年）二月十一日誓师，这天杨镐、蓟辽总督汪可受[②]、辽东巡抚周永春、辽东巡按陈玉庭在辽阳演武场召开誓师大会。杨镐的作战计划是：兵分四路，约期会师，直捣赫图阿拉，消灭努尔哈赤。具体的兵力部署是：

西路以山海关总兵杜松为主将，以兵备副使张铨为监军，率军从沈阳出抚顺关，进入苏子河谷；西南方向以总兵李如柏为主将，兵备参议阎鸣泰为监军，从清河出鸦鹘关，从西南方向进攻；北路以开原总兵马林为主将，以开原兵备道佥事潘宗颜为监军，从开原出靖安堡，进入浑河上游地区；南路以辽阳总兵刘綎为主将，兵备副使康应乾为监军，率领明军和朝鲜军队从自宽甸经富察（今辽宁宽甸东北）北上，从东南面发动进攻。此外，杨镐还留有部分兵力

① 明代著名将领梅国桢的女婿，这个人臣心如水，刚直不阿，敢于直言，不搞党争，最后因为举荐官员连帝意被削职为民。

② 明朝末期著名官员，由县令洊历至兵部侍郎，以廉能著称，坚持并推行明朝对蒙古鞑靼各部的封贡政策，颇有政绩；后任蓟辽总督，负责对后金战事，战败后告老还乡。

黄嘉善像

驻扎辽阳作为预备队，以一部分兵力驻守广宁（今辽宁北镇），防止蒙古骑兵袭扰，保障后勤道路通畅。杨镐本人坐镇沈阳，指挥全局。

从数量上看，兵力并不像史书说的那么多，从当时的部队编制、人数等来看，明军加上朝鲜1.3万人和部分叶赫那拉氏2000兵力，总兵力在10万左右。而相比较于明军，女真兵力只有6万人左右。

从武器上看，明军此时装备了众多火器，比如火铳、佛郎机、红夷大炮，兵种方面，除了步兵和骑兵外，还有火器部队等；而后金还处于冷兵器时代，武器多数是弓、箭、刀、矛等。

单从数据上看，不管是从人数还是从武器装备上看，女真只有挨宰的份。但是，女真却有几大优势，首先，女真众志成城，兵将一心，令从一处，而明军则军纪涣散，各自为战。

其次，女真事先掌握了明军较为详细的情报，明军有多少军队、主将是谁、兵分几路、行军路线、作战计划等，女真全部了如指掌，并就此制定了

“任凭你多处来，我只一处去”的策略，集中优势兵力各个击破。努尔哈赤又说道：“我国南路驻防之兵有五百人，其南路兵来，即以此拒之。明使我先见南路有兵者，诱我兵而南也；其由抚顺所西来者，必大兵也，急宜拒战。破此则他路兵不足患矣”。紧接着，后金开始战时总动员，征召能打仗的士兵，并打造盔甲、器械，充实军力。

再次，女真占尽了地利，而大多数明军对地形不熟悉。女真在牛毛岭（今辽宁桓仁县西牛毛大山）一带，砍伐树木，设路障，占领险要地形；在吉林崖（即界凡，今辽宁抚顺市东）筑城屯兵，作为牧马歇兵的前进基地。

最后，女真兵力集中，而明军则被基本平分为互不统属的4路，分布在广达300公里的战线上。

兵力部署后，明军原定于万历四十七年二月二十一日出兵，但是天公不作美，大雪突至，出兵日期只能延后。对杨镐来说，这是上天的帮助，这是天意。要知道，多准备一分，打仗就多一分胜算。可是，朝廷官员却“逆天而行”，大学士方从哲、兵部尚书黄嘉善等一再催促其出兵。

于是，一场原本不会输的战争却最终败北！

7. 明军一败涂地

开战之后，明军大将杜松贪功冒进，以至于犯了大错，兵败身死不说，还导致整个战役的失败。

杜松是何许人？他为何敢冒犯军纪？杜松，陕西人，西陲名将，勇猛清廉，在边境作战，屡立战功，吓破敌胆，蒙古军称之为杜太师，他喜好光膀子裸战，出尽风头，人称“万人敌”。

不过，此人有勇无谋，又好大喜功，曾经酿成过大祸。李成梁去世后，他接替李成梁镇守辽东，结果为了立功，竟然突袭投靠明朝的蒙古拱兔部落，结果反被人追着打，最后躲了起来。由于被弹劾，他一气之下强行出塞行军，结果损兵折将；又一气之下，要削发为僧。兵部对此是不置可否，任其自便。由于明朝末期已无大将，而边关又战火连天，朝廷不得不起用杜松。于是，杜松便成了边陲名将。

誓师出征后，按照部署，杜松从沈阳出发，前往抚顺关休整，等待李如柏前来会合，然后再一起进军。不过，想要立头功的杜松，却不顾军令，率部星夜踏雪急行军，一日急行百余里，于2月29日抵达浑河。

就这样，杜松比原计划提前3天到达浑河地区。如果他在此地等待其他部队，那么或许后面的悲剧就不会上演，但是历史没有如果，杜松依旧一意孤行，刚愎自用，屡犯军纪。浑河地处险要，河流将一片平原分为东西两部分。当时，已经是黄昏时刻，残阳铺水中。经过急行军的将士急需休整，诸将建议扎营休整，待来日再战。但是，杜松却一意孤行，不侦查周边环境，直接渡河。

虽说兵贵神速，但是不顾一切情况地往前冲则是莽夫。杜松渡河之后，攻破两个后金小兵寨，俘获14名后金兵，虽然小有战果，但是危机随即而来。当时，后金早已经制定了作战部署，他们不但得知明军的作战计划，而且打探得知，杜松的部队是主力部队，于是，后金将主攻方向瞄准了杜松。

所以，当杜松渡河时，后金已经有1.5万人在修筑防御铁背山上的界凡城。由于该地地形险要，是后金都城赫图阿拉的咽喉要塞，战略位置极为重要。在该地以北地区，就是浑河东岸的吉林崖，有界凡第一险要的美称，界凡城南边则为扎喀关，也是兵家必争之地，扎喀关旁苏子河对岸是萨尔浒山。这两个地方，距离后金都城都只有一百多里地。

一旦明军打下界凡，那么摆在明军面前的便是一马平川，凭借火力优势，明军将势不可挡。杜松显然看到了这点，但是他太急功近利，孤军深入，并且部署失当。他将兵力分成两部分，龚念率2万人驻守萨尔浒山麓（今抚顺大伙房水库一带）扎营，而自己亲率1万主力渡河，兵锋直指吉林崖。

但是，努尔哈赤当天就率大军离开了赫图阿拉，他任命代善为前锋，过扎喀关等候主力抵达。皇太极抵达后，两军会合并于当天下午抵达与杜松军对垒的前沿阵地铁背山。

战斗打得异常激烈，明军全军出动依旧没能攻下吉林崖。对明军来说，形势变得越来越不利了，明军陷入了两面受敌的境地。但是，此时已无退路，只能强攻吉林崖。就在城墙即将被攻破的时候，代善的一千精兵增援吉林崖。杜松功败垂成。

与此同时，努尔哈赤率兵抵达前线，他看杜兵松散，便抽调两旗兵力支援界凡，而率六旗将士攻打萨尔浒，他集中3.7万骑兵，以绝对优势进攻萨尔浒大营。

当时，萨尔浒是由总兵王宣、赵梦璘镇守。得知后金迫近大营，明军紧急挖堑立栅，布列火器，严阵以待。三月初二，努尔哈赤发出进攻命令，后金骑兵发动冲锋，箭如雨下，刚开始，凭借火力优势，明军还能抵挡一阵子，但是后来大营被攻破，明军溃逃，王宣、赵梦麟战死，而逃跑的明军也被追上消灭殆尽。杜松看到萨尔浒大营被攻破，军心大乱，不敢进攻。

努尔哈赤与代善合兵一处，围攻杜松。杜松率兵抵抗，双方杀到晚上，史书这样记载：杜松“率官兵奋战数十余阵，欲图聚占山头，居高临下，不意树林复起伏兵，对垒鏖战，天时昏暮，彼此混杀”。天黑后，明军点火再战，被后金打败，杜松戴着劣质头盔中箭，落马而死，参将柴国栋、游击王浩、张大纪、游击杨钦、汪海龙和管抚顺游击事备御杨汝达战死沙场。

消灭杜松之后，努尔哈赤立即攻打马林率领的明军。马林率军离开开原后，畏葸不前，按照规定，他应该在三月初二抵达二道关与杜松军会师。不过，直到初二这天，马林的大军还停留在三岔口（今辽宁铁岭境内）外的稗子谷。他在观望。得知杜松已经提前抵达浑河，他才不情不愿地率军挺进二道关。但这个时候，杜松全军覆没。当天夜里，马林领兵到王岭关附近。初三清晨，当得知努尔哈赤向北进攻，马林立即率领1万人马向尚间崖（今辽宁抚顺县哈达附近）集结，之后又派潘宗颜率领数千人驻守距离尚间崖三里远的斐芬山，和驻守斡辉鄂漠的龚念遂部互为犄角；马林自己则率主力驻守尚间崖，依山构筑阵地，环营挖三层壕，壕外排列骑兵，骑兵外设置枪炮，火器外配置骑兵，壕内布列精兵，摆出“牛头阵”。

努尔哈赤依旧采取集中兵力、各个击破的战术，先用骑兵冲击斡辉鄂漠，歼灭龚念遂。随后，努尔哈赤进攻尚间崖。一看明军严阵以待，难以攻克，努尔哈赤便命令八旗兵“先据山巅，向下冲去”。战斗异常激烈，双方都有死伤，明军伤亡惨重，除了马林率数骑逃奔外，副将以下全部阵亡，“死者遍山谷间，血流尚间崖下，河水为之尽赤”。

攻下尚间崖，后金又挥师攻打潘宗颜。潘宗颜此人不简单，善诗赋，晓天文、兵法，文武兼备，中进士后，任户部郎中。不过，他对辽东极为关心，屡屡上疏提建议，但均不被采纳。后来，因为辽东急需人才，而潘宗颜又通晓兵法，便被命督饷辽东，紧接着就提升为开原兵备佥事。出师前，他向杨镐建言，马林徒有其表，不懂兵事，赶紧换人，否则必败。但是，杨镐没答应。

后来，确如潘宗颜所言。潘宗颜根据地形排兵布阵，他据山为营，循车为垒，环列火器。努尔哈赤则让重甲兵在前，轻甲兵在后操弓矢，而轻骑兵则在远处等待。三月初三清晨，后金发动进攻，然而明军居高临下，火器齐放，重挫八旗军。

见此情况，努尔哈赤调集重兵，将潘宗颜团团围住。明军奋力厮杀，可惜兵力少，战斗到中午，潘宗颜被后金暗箭射中后背牺牲。当时，叶赫贝勒金台石、布扬古率领援军赶到了开原，得知明军失败，立刻掉转马头撤退。明军北路也损失惨重。

8. 大明第一猛将惨死

后金势如破竹，士气如虹。战败消息传到沈阳，杨镐震惊不已，原本等着凯旋的消息，没想到没几天就损失了两路大军，他立刻传令其他两路明军原路折回。可惜，刘𬘩当时已经深入后金腹地，而且不知道杜松全军覆没的消息。

2月25日，刘𬘩率领万余人，和朝鲜的援军[①]派都元帅姜宏立、副帅金景瑞率领的万余人会师，紧接着，这支大军向赫图阿拉方向挺进，但是由于道路崎岖难行，军粮供应不上，行军速度缓慢，直到三月初四当天才抵达宽甸东北的富察一带。当然，由于信息闭塞，他不知道杜松、马林两军已经大败，于是率军继续前进。

努尔哈赤只在赫图阿拉留下数千兵力，而派皇太极等率右翼埋伏在阿布达里冈（今辽宁新宾南）山上的丛林里，派阿敏率兵埋伏在冈南谷地，等到刘军过了一半，再集中兵力攻击其尾部，而让代善等率左翼四旗兵，在冈隘口前旷野等待明军，准备厮杀。

为了引诱刘𬘩军进埋伏圈，努尔哈赤派降人冒充杜松军的“材官”向刘𬘩

---

① 朝鲜军队的战斗力堪忧，尤其不善于格斗和近战，但是在抗日战争中，他们学会了使用日本铁炮（鸟枪），并装备了明朝佛朗机。但是，据一些史料记载，朝鲜援军其实做了出卖明军的勾当。

告急。刘綎以为杜松军已经逼近赫图阿拉，将要抢得头功，于是下令全速前进。但是，当他发现中计时，部队已经进入埋伏圈。后金3万多骑兵从密林中杀出，刘綎想要抢占地形构筑阵地，但是受到代善和皇太极的猛烈夹攻。

不过，刘綎毕竟是从死人堆里走出来的老将，是征缅猛将、抗日名将，身经百战，作战经验丰富。他临阵不乱，指挥部队艰难作战，以少敌多，双方打了两个多小时，竟然未分胜负。这个时候，皇太极假装败退，杀到兴起的刘綎不知是计竟然狂追300多里地，最后中箭身亡（从蒙古首领到明军高级将领，在与后金对阵时几乎都是被暗箭射死）。而他的儿子刘招没有投降，而是率部继续战斗，直到阵亡。至此，大明帝国晚期第一猛将阵亡。

同一天，代善又率军攻打朝鲜军，姜宏立大军火炮初放，铁骑已经进入营中。姜宏立命令部队死战，但是士卒不愿意参加战斗。最后，都元帅姜宏立、副帅金景瑞于三月初五投降后金。

而李如柏则因为畏敌如虎、不敢向前而“保全”了部队。三月初一，李如柏军出鸦鹊关后始终逗留不前，初三才继续行进，但是到虎栏关（鸦鹊关东）后就按兵不动。后金牛录额真武理堪发现李如柏撤军，就下令哨骑发动进攻。李如柏大军竟然自相践踏，溃逃而回。

至此，萨尔浒战役以明军的失败而告终。短短五天时间，战争就宣告结束，双方损失对比如下：后金损失2000多人，而明军除了总兵刘綎、杜松以下文武将吏阵亡310余人，士卒阵亡45 870人，马、骡损失2.9万余匹。

从战果上看，明军损失三路大军，但是这次失败并非是决定性的。因为虽然明军部分精锐损失殆尽，其中包括戚家军，但是这种损失并未对明军造成毁灭性的创伤，否则就不可能有袁崇焕短短数年组建辽东大军，而后金在胜利的情况下却屡屡寄希望于议和、保留缓冲地带，否则我们无法解释后金要到1644年才在大明帝国灭亡时借助吴三桂入主中原。

不过，军事失败带来的影响却是巨大的：对后金和努尔哈赤来说，此一役极大地激发了他们的野心，乾隆皇帝在《太祖皇帝大破明师于萨尔浒山之战事碑文》中说：经此一役，“明之国势益削，我之武烈益扬，遂乃克辽东，取沈阳，王基开，帝业定”。

对大明帝国来说，这一仗打得一无是处，钱花了，人死了，事情没办成。如此一来，军心涣散，财政更加困窘，史书记载：辽东的明军将士“军气日益灰沮，人心日益惊惶”；开原的商贾士民有一大半人不认为明军靠得住，纷纷举家避难，宽甸、叆阳等城堡更是奔溃一空，“辽之为辽，真岌岌乎有不保之势矣！”

萨尔浒战役给大明帝国敲响了警钟。

第三章

大明官员：小官办大事

1. 遇到恩师入东林党

在这次考试中，袁崇焕遇到了影响他未来人生的一个人：韩爌。

韩爌在明朝末期也是风云人物，是东林党著名领袖之一。他先后担任户部尚书和吏部尚书，官拜东阁大学士、文渊阁大学士、武英殿大学士和建极殿大学士，是三朝大学士、首辅，历经泰昌、天启、崇祯三朝。他两度入阁，却两次被迫辞官，第一次因为阉党排挤，第二次是因为他是袁崇焕的座师而受到牵连。崇祯十七年春，李闯王攻陷蒲州，逼迫韩爌出来相见，韩爌不从，贼兵便抓住韩爌唯一的孙子进行威胁。为救孙子，韩爌只好依从，后来郁郁而终。

韩爌

当然，当时的韩爌肯定预料不到自己未来的命运会如此跌宕起伏，会因为是袁崇焕的座师就要丢官。当然，他也不能预料到，因为袁崇焕，他能名留青史。

袁崇焕与东林党关系密切有韩爌的功劳。不过，袁崇焕接触东林党的时间可以追溯到他中进士之前。第一次赴京赶考名落孙山，他在返回老家的路上，游山玩水、结交同道中人时就认识了许多东林党人，慢慢地，他也开始倾向于东林党的政治主张。

我们都知道，东林党对明朝晚期的政治以及大明帝国走向灭亡产生了极为重要的影响，甚至有这样的说法：明朝亡于东林党。出于袁崇焕与该组织的关系极为密切，我们有必要对东林党进行简单的介绍。

顾宪成

从严格意义上说，东林党不是政治党派，而是派系一类的组织。据史料记载，东林党首次出现在万历三十三年（1605）。不过，关于东林党的起源，可以追溯至万历三十一年（1603），当时顾宪成、高攀龙因为与万历皇帝叫板先后遭贬回乡，而后才有了东林党。

回到老家后，他们搞起了学术，并致力于讲学。万历三十一年，顾宪成、顾允成（顾宪成的弟弟）、高攀龙、安希范等修复东林书院。此后他们在这里聚众讲学，一边传授知识，一边品评时政，一时间“风声雨声读书声声声入耳，家事国事天下事事事关心”。

明朝后期政治腐败，民怨沸腾，以至于东林书院在短时间内就名遍九州。投奔东林书院的人越来越多，其中既有在朝为官者（赵南星、李三才、杨涟、左光斗等），也有白衣秀才。

东林书院已经不再是单纯的教书育人的地方，而是一个社会舆论阵地。他们占据道德制高点，讨论朝政的得失，即“裁量人物，出位论政”。由于具有较大的影响力，东林书院这群人被政敌冠以“东林党”的名号。

东林党成员，基本上来自江南中小地主家庭，其中坚力量是被罢黜的官吏、秀才处士。他们主要活动在朝廷和地方，在天启年间达到鼎盛阶段。

他们认为，国势如江河日下的原因是道德的沦丧，所以治国的根本在于复原道德。于是，他们与皇帝叫板，参与了建储之争（万历皇帝对长子有偏见，要指定第三子为继承人，东林党就拿伦理道德说事）、梃击案、红丸案、移宫案（这被魏忠贤拿来当作打击的要点）等。

虽然东林党对日趋腐败的政治极为痛心，虽然他们试图做些改变，但事实上，他们的精力基本上放在了政治斗争上。东林党得势时大力贬谪浙党、齐党、楚党，比如万历朝，东林魁首顾宪成每到朝廷人事调整时就给内阁和吏部各大衙门写信，干涉朝廷人事任免；崇祯时期，复社甚至操纵了科举考试，日本学者井上进测算，崇祯七年会试，会试通过者中复社社员的比例为35%。

此外，东林党还对国家经济进行干涉，干扰国家征税。政府要收商业税，他们就采取言论攻击和煽动民变来抵制。以富路特等人编纂的《明代明人传典》为例：“1644年初，军饷欠款已经达数百万两，而从南方来的税款只有几万两。”

空谈误国，实干兴邦。可东林党的表现实在谈不上实干兴邦；再从他们标榜所谓的道德伦理来看，则更是莫大的讽刺。清军入关后，东林党中不少成员投靠清军，其领袖之一的钱谦益则是主动投降清军。当然，东林党里还是有一些真正有气节的官员，比如瞿式耜、黄道周等人，誓死抵抗清军。

袁崇焕作为东林党中的一员，自然倾向于东林党，而他所写的诗词也有不少是赞美东林党的。只不过，他没有料到自己以之为荣的组织最后会是那个样子。

2. 工部任职

唐朝著名诗人孟郊曾说：“昔日龌龊不足夸，今朝放荡思无涯。春风得意马蹄疾，一日看尽长安花。”这首诗反映了一千多年科举的盛况。考上了，鸡犬升天。

只要考上了，迎面而来的便是名利双收，一生无忧。对于考中进士的考生，朝廷按照分数高低，划分了三个等级，来犒赏这些鲤鱼跳龙门的考生。分数高的，福利待遇就好；分数低的，福利待遇自然稍微差些。

孟郊像

按照明朝的规定，中了一甲的考生直接进入翰林院，中了二甲的考生则可以到翰林院做庶吉士，中了三甲的考生则多数直接到地方基层去锻炼，少数特别出色的也可以到翰林院做庶吉士。

按照品秩来看，翰林院仅仅是五品衙门，地位比地方的府级单位还要低。不过，官场并不全是以品级论高低，比如太监，品级不高，但权力高过地方高官、朝廷要员，甚至首辅大臣。

“宰相奴仆七品官”说的就是这个道理。翰林院也是如此，它是皇帝身边的一个贴心机构，是专门为皇帝起草诏书、考议制度、详正文书、咨议政事的机构。在这个机构里，翰林官的主要工作就是编修史书，参与皇帝诏书的起草，给皇亲国戚讲解经书。

所以，虽然翰林院官职不高，但是他们不但能接触到国家核心决策层，参与国家事务管理，还能和皇帝、太子“亲密”接触，影响皇帝和太子的决策。所以，进入翰林院的人不仅地位极高，还容易升官。在明朝天顺以后，就有“非进士不入翰林，非翰林不入内阁”之说。

根据规定，只有庄际昌、孔贞运、陈子壮三人可以进入翰林院工作。不过，后来不依附阉党的庄际昌并没有顺利进入翰林院，他因为在考试中把“馬”字四点简写成一画而受到弹劾，愤而回家没有任职，直到天启年间才出来做官。

榜眼孔贞运则顺利入翰林，他为官清正，办事有方，不屈服邪恶势力阉党，与之做斗争，名声较好。而探花陈子壮则是袁崇焕的老乡（广东南海）兼好友，顺利入翰林院，但是后来投笔从戎，率兵反抗后金，最后兵败被锯死。此人和陈邦彦、张家玉合称“岭南三忠”。

庄际昌像

且说袁崇焕。他想进入翰林院是一点机会都没有的。按照规定，袁崇焕有可能当翰林院庶吉士，也有可能到六部观政。

庶吉士是朱元璋创立的。立国之初，朱元璋选进士到六部和翰林院观政。明成祖时期，庶吉士专隶于翰林院，选举擅长文学和书法的人担任庶吉士。到了第六代皇帝明英宗的时候，庶吉士成了惯例。庶吉士从二甲和三甲中选取，时称“选馆”。通常情况是，那些富有才华且年龄较小的考生有机会当庶吉士。

之所以这么做，很显然是充分考虑了官员寿命的问题。俗话说，人生七十古来稀。如果进入庶吉士的官员年龄在三十以上，那么他能为国家做贡献的时间不多，只有三四十年。而庶吉士虽然晋升快，但是爬到国家要职上，也需要时间。从培养成本上，录取年龄大的吃亏。再者，年纪轻，容易接受新鲜事物，学得快。因此，庶吉士一般年龄较小。

庶吉士的工作就是在翰林院学习三年。三年后考试，如果考试合格，直接在翰林院上班，不合格的要么担任中央官员，要么到地方任官。庶吉士地位重要，有储相之称。明朝大臣张居正就是庶吉士出身，而清朝汉人大臣中，也多数是庶吉士出身。

但是，袁崇焕考取的是三甲第四十名，而且也已经过了而立之年，所以他进入庶吉士是有困难的。袁崇焕最终被分配到六部去实习。朝廷任命他到工部“观政”，所谓的观政，说白了就是实习。

在明朝，工部排在六部的末尾，看上去似乎是冷衙门。但它掌管着全国屯田、水利、土木、工程、交通运输、官办工业等要务。工部尚书职位相当于我们今天的国务院副总理。具体工作是上管皇亲国戚所需的建设工程，下管植树造林，治沙防洪。明代工部也出过名人，比如潘季驯，他四次主持治理黄河，发明了“束水冲沙法”，让西方人深为佩服。

从工作本身来看，袁崇焕的工作还是不错的，工作清闲，还有闲钱。如果袁崇焕待在工部，发扬“我是一块砖，帝国需要就往哪搬”的精神，脚踏实地干下去，也会是一个好官。不过，这跟他的理想发生了严重冲突，他想要的是身处一线，救黎民百姓于水火之中。

很快，袁崇焕迎来了命运的转折点。

3. 外派邵武

没多久，袁崇焕就被外派到福建省邵武县做知县。邵武县即今福建省邵武市，地处福建省西北部，武夷山南麓，史称南武夷，又称“铁城”，三国吴永安三年（公元260年）建县，曾为福建八府之一，有1700多年的历史。

该地是闽北“林海粮仓”，环境优美，森林覆盖率高，人杰地灵，出过许

张三丰像

多优秀的人才，历史上曾出了2个宰相、7个兵部尚书、271位进士，宋代名相李纲、文学评论家严羽、张三丰均是邵武人。宋代至清代，邵武的和平书院培养的进士就有133名，古镇被专家学者誉为“中国进士之乡”。

但是，从版图上看，邵武仍较偏僻。不过，话说回来，边疆地区往往更容易干出业绩。

司马迁在《史记》中说：“郡县治，天下安。”唐玄宗也说：“郡县乃国家管理之根本，必须用有学识、有能力之人去管理。”

郡县在政权体系中，虽然行政级别不高，但是它处在承上启下的关键环节，是发展经济、保障民生、维护稳定的重要基础，也是干部干事创业、锻炼成长的训练基地。一句话，郡县领导虽然级别不高，却是“一线总指挥”。

在封建社会，郡县官吏大权在握，他的一举一动关系着民生，好的县令能治好一县，为朝廷树立公信力；而鱼肉百姓、一心搞钻营的县令则会破坏朝廷的公信力。作为一方领导，袁崇焕很想有一番作为。

虽然说，新官上任三把火，但是袁崇焕却认为凡事需谨慎。《三管英灵集》[①]中收录了袁崇焕的《至闽谒大府》：

侵晨持手版，逐队入军门。
衙鼓三声急，官仪一面尊。
人情今未熟，政事昔曾论。
私谒吾何敢，归来夜未昏。

初次当官，他非常小心谨慎。对于治民理政，他也是立足民本，做好本分

① 广西巡抚梁章钜命广西各府、州、县采送乡邦人士诗文集、石刻、地方志、丛书等资料，由彭昱尧、朱琦选辑编成大型诗总集《三管英灵集》。

工作。他没有搞教条主义，而是根据实际情况来治理邵武。这从他的《初至邵武》中可窥一二：

为政原非易，亲民慎厥初。
山川今若此，风俗更何如。
讼少容调鹤，身闲即读书。
催科与抚字，二者我安居。

上任之后，袁崇焕就将营造良好的社会生活环境作为大事来抓。他要求衙役必须秉公执法，对违反相关规定、徇私枉法者严惩不贷，对违法犯罪分子依法处理，对相关案件深入调查，依法办案。此外，他还经常带着公差夜巡，防止不法分子作案。在他的治理下，邵武县作奸犯科者越来越少，民众安居乐业。

他提倡节俭，反对奢侈，倡导尊老爱幼、邻里和睦、互助友爱、勤俭持家，并以身作则，他每天三餐都是粗茶淡饭，而且从自己微薄的俸禄里拿出一部分钱来，帮助孤儿寡老，奖励那些和睦邻里、家庭和睦的人。在他的带领下，邵武呈现出了夫勤妻贤、乐于助人的祥和氛围。

在处理好治安问题和营造良好的社会风气之余，袁崇焕还大力发展经济。他鼓励民众从商，自主创业，号召民众多种水稻、植麻、养蚕等；并发动群众搞水利设施建设，修筑水坝、疏浚沟渠、建风车等。

具体说来，他主要做了这么几件事情：第一，不搞特权，以民众的利益为根本。乾隆《邵武府志》记载：袁崇焕“素（qiáo）捷有力，尝出救火，著靴上墙屋，如履平地”。

事情发生在袁崇焕任邵武知县的那个冬天。一天深夜，城西的一户人家因为火笼倒了而引发火灾。加上冬天天气干燥，房屋又多是木制建筑，一点就着，火势很猛，现场浓烟滚滚。

袁崇焕得知后，立刻带着衙役赶到现场救火。他指挥衙役和周边的民众来救火。一时间，呼救声不断传来。经过仔细辨听，袁崇焕得知声音来自一个冒着浓烟的阁楼。

在这紧急时刻，袁崇焕飞身越上墙，赶往阁楼。他拔出佩剑砍开一个缺口，然后跳进阁楼，将老妪背了出来。

百姓家失火，袁崇焕不是坐在衙门里当总指挥，而是亲自带人赶到现场救援；为了解救被困的人员，作为一县之长的他甚至翻墙救人。在腐败横行、草菅人命的明朝后期，袁崇焕这样做显得难能可贵。

第二，清理诉讼，解决旧案要案，平反冤狱。邵武地处福建西北部，远离明朝统治中心，它距离当时明朝的政治中心北京1700多公里。天高皇帝远，县官最易滋生腐败，从而导致冤案频发。在袁崇焕到任前，前任知县留下了大量的积案、冤案。袁崇焕到任后，展开了清理工作，他一边贴出告示，让民众有冤的到县衙申诉，一方面微服私访，访问民情，秉公办理，为民申冤。他的一身正气和务实的工作态度，深得民心。这点在《邵武县志》中有记载：袁崇焕为民申冤平反，“明决有胆略，尽心民事，冤抑无不伸”。

由于袁崇焕“恤贫扶弱”“加意寒生”“恩施并邑”，上不奉承权贵，下也不拿百姓一分一毫，使民众安居乐业，官民关系缓和。

这种品质难能可贵。更为可贵的是，他不贪不是因为他刚进入仕途不敢贪，他一生都坚持这样做。后来，他做监军时，曾对明熹宗说：“臣自为令至今，未尝余一钱以负陛下 。”从当县令开始到边镇大将，他在生活方面“第宅肃然，衣食如故 ”，以至于“家亦无余资 ”“死之日……所没者皆同产崇灿子兆基与弟崇煜及祖产”。

在腐败的大明帝国晚期，袁崇焕这样洁身自好，清正廉明是极为难得的。

4. 关注辽东

在做好本职工作、结识英雄豪杰之余，袁崇焕仍不忘读书、关注时局。虽然袁崇焕将邵武治理得井井有条，邵武政清民和，但是大明帝国多数地方却战火纷飞，百姓处于水火之中，边疆则岌岌可危。

萨尔浒惨败虽然过去了几年，但对袁崇焕来说，这是值得深思的一个问题：为何数量和武器都占优势的明军会在战场上一败涂地，而落后的后金却能够纵横驰骋？袁崇焕一直在思考这个问题，并想尽办法搜集有关辽东的信息，他希望可以尽自己的一份力。

现在，有很多人认为，袁崇焕的抗辽计策是在邵武当知县的时候形成的。依据是夏允彝《幸存录》记载：袁崇焕“为闽中县令，分校闱中，日呼一老兵习辽事者，与之谈兵，绝不阅卷”。意思是，袁崇焕平时手不释卷，但是只要有从辽东回福建的老兵，他就会和老兵谈辽东局势，而且一谈军事，肯定不干别的。

袁崇焕在邵武任职期间关注辽东局势这点是可以肯定的。但是，如果说他只从少许辽东老兵口里了解军情，然后形成抗金计策，也许有些牵强。因为，虽然来自一线的士兵可以提供部分军情，但是那仅仅局限于一线少许情况，远远不足以形成抗金策略。

所以，我们可以大胆地肯定，袁崇焕肯定还通过别的渠道来了解辽东局势。根据史料记载，袁崇焕所掌握的有关辽东的信息还来自于好友、亲人、同僚，其中有一个人不得不提，那就是江日彩。

此人对袁崇焕的仕途影响很大，甚至可以说是袁崇焕的伯乐，其子更是记录了袁崇焕被冤杀的前前后后。江日彩是福建泰宁人，比袁崇焕年长14岁，是万历三十五年（1607年）进士，他刚开始也是在地方为官，后来由于为官清廉、刚正不阿，又能力出众，政绩斐然，一路高升，到北京担任监察御史，出任过提督直省援辽军饷事务监察御史。由此，对辽东战事较为熟悉。

由于江日彩也会回老家泰宁省亲，而泰宁县刚好是邵武的临县，所以袁崇焕与江日彩就有见面的可能性。

此外，京城官员，不论级别大小，一旦到地方，地方官都会出面招待。袁崇焕也不例外。所以，每次江日彩回家省亲经过邵武，袁崇焕便前来招待。这样一来，袁崇焕便经常就辽东战事请教江日彩。

康熙十一年（1672年）《泰宁县志》 有这样的记载：1622年正月，江日彩在呈给天启皇帝的《议兵将疏》奏折中提道：“臣向过府城，扣其胸藏，虽曰清廉之令，实具登坛之才，且厚自期许，非涉漫谈。”很明显，袁崇焕与江日彩是有过深入交谈的。

除了关注辽东时局外，袁崇焕还积极招兵、练兵，这些兵里后来有不少人跟随袁崇焕北上，与后金血战，血洒疆场。在此，不得不提的是红夷大炮。

闽南人铸造的十一门红夷大炮在战场上立下了赫赫战功。有一个叫罗立的人，操射“三千斤重”的大炮，击毙了努尔哈赤的侄孙和爱将火狐狸，而罗立还发炮打中努尔哈赤的黄龙幕帐，致其重伤不治而亡（一说是病故）。

在邵武为官期间，袁崇焕还建造了聚奎塔。此塔位于今邵武市和平镇天符山，创建于明万历四十四年（1616年），由当地乡民集资，历时20余年，于崇祯年间完工。塔额中题“聚奎塔”三个字，阴文，颜体，行楷，舒朗，苍劲，刚挺，圆浑，流畅。这方题刻，字迹清晰，至今完好无损。

红夷大炮

近4个世纪来，聚奎塔饱经自然侵蚀和人为破坏。1989年被列为邵武市文物保护单位，1990年冬修缮，历时一年告竣。这是袁崇焕留下的唯一可信的极为珍贵的墨迹。

光阴似箭，辗转间，时间已经到了1622年，袁崇焕政绩卓著，在朝廷考核中，列为上等。不过，令人遗憾的是，袁崇焕所做的事情大多没有流传下来，我们只能借助史料上的只言片语和地方传说、后人评价略知一二。清人袁珏曾作《前明蓟辽督师袁元素先生》诗，其中第二首对袁崇焕此一段时间的历史做了很好的概括：

名成榜上已中年，却被风吹落九天。
万井饥寒民父母，一身清白吏神仙。
沧浪诗话公余续，甑釜歌诗去后传。
三载循良来奏绩，济时又著祖生鞭。

第四章

殃殃大国：国危思良将

1. 努尔哈赤乘胜追击

萨尔浒战役结束后，努尔哈赤大摆庆功宴，按照军功大小分发战利品，以此激励将士继续发动战争，抢夺财富，扩大地盘。靠打仗且无须太大牺牲就有丰厚的战利品，后金将士自然乐意。后金稍加休整后，又开始进攻开原和铁岭。

开原是明军重镇，它东邻建州，西接蒙古，北连叶赫。在元朝的时候，它就是开元路中心所在地。明朝初期，它是仅次于辽阳和广宁的军事重镇，是明军在辽东防御体系的重要组成部分，战略地位非常重要。它可以威慑蒙古、叶赫、建州，又是沈阳和辽阳的屏障。

后金想要攻打叶赫或者进攻沈阳，必须拔掉开原。可是，如此重要的城镇，杨镐却将之交给畏敌如虎的马林。此人攻无能，守无策。加上，明军刚败，士气低落，粮草匮乏，守城任务极为艰巨。

这些情况，努尔哈赤打探得一清二楚。他于万历四十七年六月初十，率领4万人进攻开原。他派出少许部队佯攻辽阳，而亲率主力进入靖安堡，直奔开原城下。

马林不吸取萨尔浒战役失败的教训，没有集中兵力守城，而是将兵力分散在四门之外，城中空虚。后金精兵抵城时，明军慌忙应战，一战即溃。六月十六日，后金占领开原，总兵官马林、副将于化龙、参将高贞、游击于守志、守备何懋官等人战死，士兵伤亡惨重。当时来自铁岭的三千援军，也为后金兵所败。仅仅六天时间，重镇开原就落入敌手，随后敌人将财物、人畜运走，整整运了三天都没运完！

开原沦陷后，铁岭的安全问题就提升到了新高度。铁岭是沈阳北面极为重要的城堡。随着开原的沦陷，铁岭已经是辽北地区的孤城。按照明朝时军事城堡划分（镇城、路城、卫城、所城，堡城），铁岭是仅次于开原的重镇。

但是，明朝在这个时候又犯了错误。开原丢失后，明朝认为应该固守铁岭以图恢复。朝廷上下把人选筛了一遍，还是没人可用。这个时候，巡抚周永春就说，李成梁威震辽东，虽然他死了，但是余威还在，且墓在铁岭，可以让他的第三个儿子李如桢镇守铁岭，将门出虎子，更何况李家有九虎之说。兵部尚书黄嘉善只好同意。

可是，李如桢只会吃喝享乐，根本没有从李成梁那里继承到任何血性。他因为父亲李成梁的关系，过着纨绔子弟般的生活，没有过任何作战的经历。将铁岭交给这样的人，恐怕城池丢得更快。

好在朝廷很快发现李如桢贪生怕死，不足以胜任守城重任，便将他调到距离铁岭120里的沈阳，希望可以号召辽人守边，策应铁岭。而将铁岭的守卫重任交给了参将丁碧、李克泰、俞成名等人。

七月二十五日，努尔哈赤又率领五六万人，攻打铁岭。得到情报后，李克泰、俞成名派人到沈阳求救。但是，李如桢拖拖拉拉，贻误战机，加上努尔哈赤早已经花费重金收买了守城参将丁碧，城池很快沦陷。此战中，俞成名、李克泰、新兵游击吴贡卿等人战死，城中被杀的超过4000人，民众、财物尽被劫掠。此时，李如桢率兵抵达铁岭，但是他不敢与后金对阵，仓皇撤退，并让士兵割下2000名战死者的首级回去邀功。

这年八月，努尔哈赤又马不停蹄地进攻叶赫，并消灭叶赫部。至此，后金已经打通了进军沈阳的道路。

对努尔哈赤来说，他几十年来所取得的胜利不可能永远持续下去，此时势态发生了转机。努尔哈赤碰到了一个对手，此人叫熊廷弼。

2. 熊廷弼主政辽东

萨尔浒战败的消息传到京师，万历皇帝非常生气，他对于杜松的行为做了如下的批示：杜松贪功轻进以致丧师，深可痛恨。不过，杜松已阵亡，烂摊子还得有人收拾，万历皇帝在重罚其他将领之后，起用熊廷弼。

熊廷弼是明朝晚期罕见的优秀官员，与袁崇焕、孙承宗并称为“明末三大将领”。他虽然出身卑微，小时候给人放牛，但是学习成绩优秀，万历二十五年举乡试第一，第二年就考中进士。他有胆略，知兵事且善射。万历三十六年（1608年）升任御史巡按辽东。当时，他对辽东的地广人稀、边事频发有所了解，并主张进行军屯，缮垣建堡，弹劾将吏，军纪大振。不过，他为人耿直，在朝堂上没有多少人为他说话，而且他“修边筑堡、以守为战”的辽东战略不符合当时的辽东经略杨镐的胃口，屡遭排挤，最后只能督学南直隶。

屡战屡败已经成了辽东将士的代名词，对朝廷官员来说，辽东已经是烫手山芋，谁接手谁倒霉。事实上，熊廷弼也深知这点。但是朝廷偏偏看中了他。万历四十七年（1619）三月，经略辽东杨镐三路丧师后，朝廷以熊廷弼熟悉边事，即命其为大理寺丞兼河南道御史，宣慰辽东。这一回，明朝终于用对了人，后金也迎来了真正的对手。只是，熊廷弼即将接手的烂摊子实在是难以收拾。

到达沈阳后，经过调研，他发现明军局势坏到了不能再坏的地步。军纪荡然无存，为了不去打仗，骑兵将马弄死，一听说后金兵来了，立刻一哄而散……熊廷弼将所见所闻写成了报告：

士兵的情况：残兵是“身无片甲，手无寸械，随营糜晌，装死扮活，不肯出战。点册名有，及至派工役时忽去一半；领银有名，及至闻警报时又去其半”；额兵是“全额已亡”；募兵多为“游食无赖之徒”，不习弓马；援兵是“弱军羸马，朽甲钝戈，不堪入目”。

辽东将官的情况更糟糕：死的死，伤的伤，活着的胆战心惊，一闻警报，全线溃散。

武器装备的状况也让人不忍直视。马1万多匹，多半受损，受损的原因是将士们为了不去打仗故意断绝其草料；武器弹药损失耗尽，所存的弓断背断弦，箭没有羽没有镞，刀钝枪秃；至于盔甲，更是罕见。

熊廷弼像

虽然有五六万人，却人人要逃。可以说，这支部队已经只剩下军队之名，没有军队之实，甚至连军队的样子都没有。熊廷弼总结说，就算有孙吴军令，恐怕也无能为力。

万历四十七年（公元1619年）六月二十二日，万历皇帝以杨镐无能不堪重任，罢其职。那么，辽东经略谁去当呢？辽东大局如何处理成了朝廷热议焦点。熊廷弼上疏朝廷，认为“辽左为京师肩背，欲保京师，而辽镇必不可弃。

河东为辽镇腹心，欲报（保）辽镇，而河东必不可弃。开原为河东根底，欲保河东，而开原必不可弃”。“然而不守辽沈，必不能保辽镇以保京师；不复开原，必不能保辽沈以保辽镇矣。”简单地说，辽东是京师肩背，河东是辽阳腹心，开原是河东根本，欲保辽东则开原必须收复。紧接着，他请求朝廷抓紧时间调兵遣将，整军备战。

万历皇帝似乎看到了希望，他对熊廷弼的要求全部准奏，并升熊廷弼为兵部右侍郎兼右佥都御史，经略辽东。而打了败仗的杨镐则倒霉了，万历四十七年八月十三日，万历皇帝下诏逮杨镐入狱论死，崇祯二年（1629）被处斩。

为了便于熊廷弼施展拳脚，有所作为，明神宗这次总算大方了点，赠尚方宝剑，以重事权。

受命于败军之际，奉命于危难之间，是熊廷弼当时的真实写照。能否扭转败局，关乎大明帝国的未来以及熊廷弼的身家性命。对于乱局，熊廷弼能做到什么程度，没有人知道，熊廷弼自己心里也没数，只能是硬着头皮干。

抵达辽东之后，熊廷弼雷厉风行，采取了许多措施。首先，他处理萨尔浒战役中畏敌如虎、临阵脱逃的将官，同时奏请免去总兵官李如桢的职务，对于贪官污吏，熊廷弼更是铁面无私。其次，他以身作则，率领士兵巡城防，督造战车，制造火器，积极备战。再次，他广贴安抚榜，招抚流民，给民众信心。最后，他请求调兵18万人，重新驻守抚顺等要地。

经过将近一个月的努力，乱糟糟的辽东局势终于暂时安定了下来。这年九月，经过调研，熊廷弼奏请朝廷调集地方军队入辽，如四川永宁宣抚司5000人，酉阳宣抚司4000人，石砫宣抚司3000人。为了提高军队的积极性，应调的官员都加衔，士兵则可以领取安家费。

对此，万历皇帝一一应允。跟以往不同，这次他还听从兵部左侍郎杨应聘的建议，征调湖广永顺宣慰司土司兵8000人、保靖宣慰司土司兵5000人入辽东。

辽东局势的好转使得朝廷某些官员分外眼红，他们纷纷借机上疏，比如山东巡抚王在晋。万历四十七年（1619年）11月12日，王在晋议防夷十要：一、严海禁；二、勤巡查；三、守金（州）、盖（州）；四、巩固山东；五、结交西北各族；六、保朝鲜；七、鼓舞将吏；八、抚恤军士；九、广用官员；十、防冬令。但是，万历皇帝却不批示。事实上，辽东的乱局比王在晋想象的还糟糕，后来他在辽东问题上畏首畏尾、消极防御。

万历四十七年（1619）十一月二十四日，辽东经略熊廷弼根据辽东的形势，制定了辽东战事方略，提出制敌三策：收复失地；出兵进剿；据守险要。在这三策中，收复和围剿显然是未来的事情，上上之策是，据险固守，调集重兵驻防清河（今本溪）、叆阳（今凤城东北）、抚顺、三岔河等要地，以守为攻，积极备战。

熊廷弼还提出了具体的作战要求：招募和征调官兵18万人，马9万匹，粮108万石，豆97.2万石，草2160万束。万历皇帝这次大笔一挥，全部应允。

不过，钱粮是最为紧迫的事情。这年十二月，给事中、阅视辽东兵马的姚宗文请求增加饷银。于是，每亩再加银三厘五毫，全国增派200万两。

兵给了，钱也给了，辽东局势怎么样呢？整体来说，辽东局势大有好转。但是，问题还是比较多，主要集中在钱和兵方面。

万历四十八年初，熊廷弼上疏说：军饷远远不够，兵无粮，马无料。于是，户、兵、工等部商议，请神宗再令各直省田地每亩复加银二厘，以补兵、工二部不敷之用。为此，从万历四十八年三月十二日开始第三次加征全国田赋，连同前两次每亩计加银九厘。这年全国共增收银520万两。

兵员方面，新募援辽士兵多数逃亡。御史刘国缙募辽人为兵，总数为17.4万余名，分别驻守在镇江、宽甸、叆阳、清河等处，但是到万历四十七年十二月二十二日，清河新募士兵一哄而散，镇江、宽甸、叆阳等处逃兵占到总数的一半。巡按辽东御史陈于庭做了不完全的统计：熊锦部逃亡1900余人，杨于渭部逃亡1500余人，卞为鹏部逃亡2600余人，李如柏部逃亡470余人，赵率教部逃亡490余人。对于士兵逃跑问题，万历皇帝则选择默不吭声。

辽东问题错综复杂，熊廷弼无法在短时间内全部处理完毕。但是，他到任后，采取一系列措施，确实稳定了辽东。由于熊廷弼所做的一切取得了效果，努尔哈赤不敢肆无忌惮地发动进攻。

可惜，熊廷弼费尽心血刚稳定辽东，远在千里之外的朝廷却出了大事。这件大事直接关系到他的身家性命。

3. 两位皇帝驾崩

在熊廷弼带着将士们披星戴月地驻防辽东时，大明帝国又出现了大问题：万历皇帝驾崩。万历皇帝死了，大明帝国却也被他消耗得差不多了。事实上，明朝的没落，就是从万历皇帝开始的。

万历皇帝从先皇手中接过权力时年仅10岁，至其驾崩，他一共做了48年皇帝，是明朝在位时间最长的一位皇帝，也是颇受争议的一个皇帝。

万历初年，是明朝历史上最为鼎盛的时期之一。蒙古入侵每次都以失败告终，南方少数民族起义大多数被平定；政治清明，选贤任能尚能得到执行，官员贪污腐败也在某种程度上得到了遏制；民众经商的经商，种地的种地，经济一片繁荣。国家储备的粮食可以维持10年以上。

可以说，万历初期政通人和，国泰民安。但这并不是万历皇帝神通广大，而是他有贤臣张居正。只是，不幸的是，张居正在万历十年就病逝。万历皇帝亲政后，为了树立权威，残害张居正一家，致使其长子被迫自杀，家产被没收，家属充军，张居正一家家破人亡。

张居正的“垮台”引起了一系列的反响。万历皇帝清洗了张居正的改革派，导致许多想干一番大事业的人最终只能借酒消愁，无事可做，政治蒸蒸日上的局面戛然而止，反倒一步步滑入腐朽的深渊。

残害忠良后代之后，万历皇帝并没有多大作为，相反他非常贪婪而且很懒惰。他的贪不是一般的贪。虽说整个天下都是他的，但是他还是要将天下的财物收到他的内务府才放心，他巧立名目弄了矿税，大肆敛财。“从万历二十五年到万历三十四年的十年时间里，矿监税使向皇室内库共进奉白银560余万两，黄金1.2万余两，平均每年进奉白银50余万两，黄金1000多两。”

他的懒也不是一般的懒，在历史上他的懒也是极其有名的。一年之中，大臣们难见龙颜一次，真是神龙见首不见尾。御史翟凤羽中就说，皇帝不见廷臣，已经二十五年了。

如果说只是不见大臣，那么办事情也行，问题是万历皇帝就连事情也不办。皇帝是一国之君，很多事情都要他来定夺，如果他不朱批的话，朝廷的运转就会出问题。

叶向高像

叶向高就这样说道：“目前六部尚书中只剩下一部有尚书了。全国的巡抚、巡按、御史乃至各府各州各县的知事也都缺了一半以上，可皇上却有眼无珠，不予理睬。”

叶向高都气愤到这个份上，甚至挑战了皇帝的权威。按理说，万历皇帝是会要杀他的头的，可是万历皇帝压根儿不拿这当一回事儿。

皇帝不管事，下面的官员乱办事，国家由欣欣向荣慢慢地变成了水深火热。国家的情况正如吏部尚书李戴所说：“今三辅嗷嗷，民不聊生；草木既尽，剥及树皮，夜窃成群，兼以昼劫；道殣相望，村空无烟……”

就连熊廷弼也无法淡定，他认为只要发了军饷，或许能够稍微稳定下局面，但是就连这一点，万历皇帝和户部都不能满足，以至于熊廷弼只能这样感慨：“我军多次到户部领饷，俱无发给。岂军到今日尚不饿，马到今日尚不瘦不死，而边事到今日尚不急耶？”

但是，万历皇帝还是推脱，说是有病不上朝。吏部尚书赵焕着急，就写了一份极其讽刺的奏折：他日后金攻破山海关，打下蓟镇，铁骑兵临城下。陛下您还能高拱深宫，用得病这个理由来打退后金吗？

但是，万历皇帝依旧无动于衷。人生就是一场走向死亡的旅途，万历皇帝走到了他的终点。

继承帝位的是万历皇帝极不喜欢的长子朱常洛。朱常洛是明朝的第十四位皇帝，史称明光宗，年号泰昌。他是最传奇的一位皇帝，跟三大案有关，也是最悲剧的皇帝，熬到最后只当了一个月的皇帝就驾崩了。

朱常洛像

由于是宫女所生，他得不到父亲的眷顾，万历皇帝甚至要废长立幼，因此发生了历史上有名的“国本之争”；由于生母地位卑微，他总是遭到万历皇帝所宠爱的妃子的打击，其中“梃击案”最为有名。

在充满杀机的后宫中，朱常洛坚强地活了下来，终于熬到父亲驾崩，最终登上皇帝宝座。登上皇位后，他将万历朝的矿税废除，发内帑犒劳边关将士，拨乱反正，重振纲纪，不过，可惜的是，还没好好享受权力带来的各种好处，他只当了一个月的皇帝就随万历皇帝去了。

这主要跟他的爱好有关。在中国数千年历史上，许多皇帝都有癖好，比如高纬爱好音乐、宇文赟爱好打扮、萧宝卷爱好杂技、唐僖宗痴迷马球、王曦痴迷饮酒、杨广热衷于旅游开发、萧衍痴迷于佛教、高从诲喜欢当响马。

朱常洛沉迷于女色。由于体质较差，很快就病倒。严重时，一晚上腹泻43次，最后官员递上红丸，结果朱常洛吃后病非但没好，反倒驾崩。这就是历史上有名的“红丸案”。

天启皇帝像

明光宗朱常洛驾崩了，大位就由他的大儿子、年仅15岁的朱由校继任，是为明熹宗，年号天启。

跟万历皇帝差不多，明熹宗登基时年仅15岁，也是一个懵懂少年，对国家大事一知半解，没有足够的辨别是非的能力。最关键的是，他对治国理政不感兴趣，他有自己的爱好。

跟自己的先辈相比，明熹宗的爱好较为特殊。明宣宗喜欢蟋蟀、明宪宗爱看戏、明武宗爱玩乐、明世宗爱炼丹、明神宗贪财，可明熹宗却偏爱做木工。我们查不到史料，明熹宗到底是跟谁学的木匠手艺。但是史料记载了他在这方面的天赋。据史料称，凡是他看到过的木器用具、亭台楼榭，他都能很快做出来。明代的床较为笨重，用料多，样式却普通，而天启皇帝却亲自设计并制做出轻巧便捷的床，床板可以折叠，床边有雕花，可以说是折叠床的鼻祖。

当然，由于废寝忘食地做木工，将精力集中在了木工活上，他也就没时间治国理政，这就是舍本逐末。当然，如果天启皇帝任用贤能，那国家还能正常运转，但是他把朝政交给了魏忠贤，并且在全国范围内打击东林党。

魏忠贤是谁，他凭什么跟皇帝扯上关系呢？话还得从皇帝和乳母之间的关系说起。天启皇帝非常依恋乳母客氏，经常和客氏在一起，寸步不离。如果说，客氏是个中规中矩的人，好好照顾皇帝，做好榜样，那么皇帝有可能成为明君。但是，恰恰相反，客氏擅弄权术，还跟太监魏忠贤搞在一起，玩起了“对食”。

所谓对食，就是深宫里的太监私底下和宫女恋爱，但因为太监被阉割了，无法过正常的夫妻生活，只能和宫女面对面吃饭，说些相互爱慕的话，相互抚慰，度过孤独的岁月。

客氏看上的魏忠贤，其实是个无赖流氓。魏忠贤原本是河北肃宁人，在家好吃懒做，还好赌，由于赌博输了钱，最后还不起债，被人四处追讨。万般无奈之下，他进宫做了太监，改名李进忠。

天启皇帝当政后，任用他为私领秉笔太监，后来他又监管专门从事缉防谋逆反叛等活动的东厂，专断朝政，培植党羽，祸乱朝纲。由于权倾朝野，朝廷里很多官员要么主动谄媚，要么被动地拜服，口称“九千岁”。全国各地还大张旗鼓地为魏忠贤建立生祠。

4. 辽沈先后沦陷

“阉党”时代的到来，意味着更加残酷的党争开始了。熊廷弼由于刚直不阿，不曲意奉承专权的阉党分子魏忠贤，结果被加上“废群策而雄独智”“军马不训练，将领不部署”等莫须有的罪名，从辽东经略的位置上被拉下来，朝廷转而派袁应泰担任辽东经略。

袁应泰是何方神圣呢？他凭什么担任辽东经略？此人也是一个干吏，不过专长在兴修水利，修城浚河，事实上，他也是因为在兴修水利方面有政绩，才升工部主事、兵部武选郎中。努尔哈赤作乱时，他以按察使身份到永平（明代属京师北京）治水，他抓紧练兵、修城、制造军械、积蓄粮草，供应辽东，深得熊廷弼的信任。很显然，袁应泰是明朝后期难得的后勤专家。也因为这点，泰昌元年（1620年）九月，袁应泰升任右佥都御史，代周永泰巡抚辽东。

一个擅长水利工程的人搞搞水利还可以，但是来经营存亡之道的军事，则容易出大问题，自己身首异处不说，还可能给国家带来巨大的灾难。但是，袁应泰却自以为是国之栋梁，在朝廷任命他为辽东经略时，他信誓旦旦地说：“誓与辽东相始终，更愿文武诸臣不怀二心，与臣相始终。”这种夸夸其谈很快就付出了生命的代价。当然，人在得意的时候是不会想到这一点的。

天启皇帝非常高兴，他嘉奖并赐予袁应泰尚方宝剑。袁应泰兴致勃勃地上任。一到任上，他就大刀阔斧地改革，斩杀贪将何光先，免除大将李光荣及以下十余人。他未经认真调研就认为：“抚顺是后金出入的必经之处，彼可以来，我可以往，是必争之地也。”他抛弃了熊廷弼先固守再图进取的策略，而是制定了用兵18万、大将10人收复抚顺的作战计划。这种急功近利只在乎一城一地之得失而不管辽东全局的做法，最终惹了大麻烦。

然而，有野心并不意味着能够成功，还要有与野心相匹配的能力。事实上，袁应泰治河能力有余，治军能力则不足，即“用兵非所长，规画颇疏”。他到任后，虽然斩杀贪将，罢免一些将官，但是却废除了熊廷弼制定的严格的军纪，采用宽容的态度来治军，结果引发了一系列问题。

此外，在处理蒙古问题上，袁应泰急功近利，以为滥施恩典就可以收买人心，结果因为不懂军事出现了重大问题。当时，因遭遇天灾，蒙古各部生活艰难，许多灾民跑到关内乞讨。对此，袁应泰说：“我如果不救他们，他们一定会投靠后金；我如果招收他们，还可以增加兵员。”

这的确是个好点子，但是好点子用不好会成烂主意。许多将领和文官反对，认为灾民里面会混入大量的间谍。熊廷弼在任时严防间谍，敌人难以渗入，但是一经招抚，间谍可能随着难民大量涌入辽东。而且，这些难民为了生存而当兵，能不能用心用力还不一定。

结果，招抚之后，大量间谍借机混入辽阳、沈阳；而被招抚的灾民则祸害百姓，奸淫抢掠无恶不作，民众深受其害。不过，袁应泰充耳不闻。

对此，努尔哈赤打探得一清二楚。他认为，大明帝国朝廷党争不断，皇位更替频繁，无暇顾及辽东，而辽东经略换了新人，还是个不懂军事的官员，是进攻的好时机。于是，他命令全军将士，制造钩梯，备置车营，储备粮草，准备进攻辽宁和沈阳。

天启元年（1621年）二月十一日，后金兵分八路进攻奉集堡，打响了沈辽战役第一枪。该堡位于沈阳东南40里，与其西南方向虎皮驿成掎角之势，而奉集堡东北距抚顺、西南距辽阳各90里，是后金进军辽阳、马根单、抚顺的必经之地。努尔哈赤之所以选择奉集堡为第一个进攻目标有两个原因：一是为了试探沈阳、辽阳的虚实，二是为了切断沈阳和辽阳之间的联系。不过，努尔哈赤的目的并没有达成，因为他碰到了经过整顿的大明军。明朝总兵李秉诚率宣（宣府镇）、大（大同镇）兵声援奉集堡，挫败了努尔哈赤的进攻。

能打退努尔哈赤的进攻，有赖于吕宋炮。当时，时任兵部尚书黄克缵委托侄孙黄调焕，从泉州同安招募善铸吕宋炮的14名匠人到北京铸炮30门，其中6门参加了辽阳战役，黄调焕和30名炮手参加了战斗。其中一门3000斤重的大炮，被李秉诚调去守奉集堡。战斗开始后，后金火狐狸率领2万人来攻城，结果遭到重炮轰炸，每发炮弹击死800人，并击毙火狐狸和努尔哈赤的侄儿两名敌将。

首战不利，努尔哈赤转而进攻虎皮驿、王大人屯。虚虚实实，后金骑兵往来游走，飘忽不定，明军难以制定有效的作战方案。三月初十，努尔哈赤大军沿浑河而下，水陆并进。当天夜里，后金假装渡河，而明军哨探火速举火报沈阳，沈阳守将贺世贤、尤世功大吃一惊，火速率兵登城，严阵以待。

十二日，后金大军抵达沈阳城下，在城东七浑河北岸安营扎寨。此时的沈阳城 “城外浚壕，伐木为栅，埋伏火炮” 。城外挖壕两道，阔五十丈，深二丈，涧底插尖木，而壕内侧还修筑了一道拦马墙，间留炮眼，并配置战车、火炮。城四周和城墙上都设有游兵保卫。沈阳城非常坚固，易守难攻。

三月十三日，努尔哈赤发布了进攻命令。八旗兵杀气腾腾地攻城，顿时，云梯四起，密箭如雨，火炮齐鸣，硝烟弥漫，杀声震天。后金攻城，明军死守，战斗异常激烈。不过，没打一会，后金兵不再攻城。

对此，贺世贤误认为努尔哈赤怯弱，竟然率军出城与后金野战。努尔哈赤见明军中计，便边打边退，直到明军远离城池，才将明军团团围住，然后一举消灭。贺世贤身陷重围，与皇太极血战，不分胜负，后来被冷箭射中，最终与将士一同殉国。

努尔哈赤掉头攻城，战斗极为激烈，明军的火炮连发不停息，久而炮身发热，药装入即发。而后金则冒着矢石攻城，竖云梯的竖云梯，射箭的射箭，挖地道的挖地道，逐渐逼到城门下。就在这个时候，驻守东门的蒙古兵临阵倒戈，投降后金，竟然砍断桥索，放下吊桥，引后金兵杀入城内。经过惨烈的激战，明副总兵尤世功（此人的两个弟弟尤世威、尤世禄都是明末将领，守卫辽东，其中尤世威后来与李自成血战七昼夜后被杀）、参将夏国卿、张纲以下7万兵民被杀，沈阳沦陷。参加沈阳战役的吕宋炮因为铸造不够精良，放炮后难以立即添加火药而被后金夺走三门，但是后金却不会使用。

皇太极像

沈阳被围困期间，袁应泰收到急报，他立即命令总兵官陈策、童仲揆等率领浙江兵、四川兵和土家族土司私兵的援辽军3万余人前去救援，陈策从辽阳黄山前去救援。不过，等到陈策北上渡过浑河时，沈阳沦陷的消息传来，救援已无必要，陈策便在距离沈阳城7里处安营扎寨。

后金兵赶上，陈策命令全军呈“品字阵”形迎战，努尔哈赤派一个游击将军破阵，结果此人只有匹夫之勇，很快被四川兵歼灭。随后，努尔哈赤又派两人领军冲阵，结果依旧被杀。后来，努尔哈赤调集重兵和战车对陈策进行反包围，各个击破，最终在血战一天之后，陈策战死。

这个时候，救援各路大军都先后抵达沈阳城，并在城东浑河南北及沈阳城南与后金鏖战。浑河南岸的战斗最为激烈，当时1万明军刚刚抵达不久，战车枪炮等还没有布置完毕，后金铁骑就杀奔而来。一场恶战就此展开。

总兵李秉诚、朱万良率领3万军队前来救援，均被后金击败。而游击周敦吉、石硅，土司秦邦屏渡河驻扎在桥北，副将董仲贵、戚金和都司张名世等率浙兵3000人驻扎在桥南，但是后金铁骑在明军脚跟尚未站稳就发动攻击，大败明军，副将、把总等120余名将官血洒疆场。对于此次战斗，大明帝国给予相当高的评价："自奴酋发难，我兵率望风先逃，未闻有婴其锋者，独此战以万余人当虏数万，杀数千人，虽力屈而死，至今凛凛有生气。"

沈阳沦陷后，努尔哈赤马不停蹄，又于三月十八日率领数万大军进攻辽阳城。辽阳是东北地区政治、经济、文化中心，是大明帝国在辽东的重镇。明朝对辽阳的重视程度远远超过沈阳。该城四周都挖有壕堑，将士沿壕列火器，环城四面分兵把守。沈阳沦陷消息传来，袁应泰从各路抽调人马，撤回奉集、威宁等堡垒的守军，全力守辽阳，并让人将太子河水注入城壕，堵塞其西闸，里面配置火器，城四面排兵，以加强城防。

三月十九日，努尔哈赤领兵经虎皮驿，渡过辽阳城东南的太子河，包围辽阳，并再度使用示弱计，企图引诱明军野战。袁应泰自以为兵力多于努尔哈赤，竟然率侯世禄、李秉诚、梁仲善、姜弼、朱万良五位总兵，领5万大军出城5里和后金野战。努尔哈赤立刻抓住战机，下令左翼四旗兵进击，双方厮杀在一起，但是明军很快被后金铁骑冲散，溃败逃亡。而另一支明军从西门出战，碰到后金后，在城外7里处安营扎寨。

三月二十日，努尔哈赤选择城西作为突破口。他率领右翼四旗兵布置战车，让将士搬运石头，堵塞水口。明军见状，再度开门迎敌，列枪炮三层，采用密集火力进攻，后金兵攻城受挫。

但是由于入水口被堵塞，城壕干涸了。后金兵旋即对东门发动猛烈进攻，血战之后，明军后撤，而后金兵则乘胜追杀，明军伤亡惨重，河水为之变赤，明总兵梁仲善、朱万良战死沙场。

后金左翼四旗兵又冒着炮火进攻西城，双方激战一宿，直到天亮。明军伤亡惨重，在这关键时刻，明监军牛维曜、胡嘉栋及督饷郎中傅国等逃跑，军心涣散。二十一日，后金发动总攻。袁应泰、巡按御史张铨等以东城为依托死守。但在间谍和内应的帮助下，后金攻陷东城，袁应泰自焚而死，而张铨被俘自杀殉国，参将房承勋等以下官兵被杀。

辽沈战役，后金大获全胜，“河东十四卫生灵尽为奴属”，而明军却因为袁应泰的贪功冒进而使熊廷弼苦心经营的辽东局势败坏。有评论说，“袁应泰无才而当大任，终丧辽东并天下强兵10余万，其罪浮于杨镐也。”这话说得极对。

为了巩固辽东的统治，后金将都城由赫图阿拉迁至辽阳，后来又迁到沈阳。为何后金不再乘胜追击，一举消灭明朝，一统天下呢？原因很简单，打仗是耗费资源的，每打一次大的战役就要损耗许多战争资源，一城一地的攻打就算有间谍帮助，也会损耗战争资源，所以努尔哈赤只能暂停征伐，转而巩固后方、积蓄力量。他命令士兵掠夺广宁，毁掉城池，然后收缩兵力，布防沈阳和辽阳。

5. 熊廷弼复出：替人善后

天启元年七月，努尔哈赤搞起了“计丁授田”，鼓励农耕；这年八月，努尔哈赤在辽阳东太子河北建筑新城（清朝称东京），将其作为进攻明军的基地；又规定20人当中抽调1人当兵。

而明朝这边呢？辽东军队大溃败，有的逃到辽西，有的逃到沿海岛屿，有的渡海跑去山东、朝鲜。对此，辽东巡抚王化贞说，辽沈沦陷，辽河以西无险可守，后金随时会渡河西进。

新君刚立，后金就送来了如此“厚礼”，朝廷上下谴责声一片。但是，光愤怒是没有用的，要想解决辽东问题，还是需要良将镇守。朝廷上下吵成一锅粥，最后明熹宗朱由校说：“熊廷弼守辽一年，没出现什么大的损失，换了袁应泰，就一败涂地。还是用熊廷弼吧。”朝臣也没有更好的人选，熊廷弼就这样再度复职。

失败并不可恨，可恨的是在关键时刻劳民伤财，耗费战争资源，最终导致局势恶化，甚至导致国家灭亡。袁应泰惹出了事，一死了之，但是他的愚蠢使大明帝国原本不多的战争资源变得更少了。最后，辽东的烂摊子还是得由熊廷弼来收拾。

10万大军战败，丢城丢地，无法在短时间内平定辽东，这点熊廷弼很清楚。根据后金缺乏水师，后方动乱，兵力少，以及后金不善攻城等特点，熊廷弼制定了“三方布置策”：陆地上，重点在广宁（今辽宁北镇）设防，集中骑兵主力，坚守城池；重用水师，分两个区，即天津战区，登州府（今山东蓬莱）、莱州府（今山东莱州市）战区，配置水师，从海上牵制后金，趁机攻打辽东半岛沿海地区，从辽东南部侧击后金，使其内顾，并相机收复辽阳；以山海关为适中之地，集中兵力，设立经略，节制广宁、天津、登莱三方，集一事权。天启六年八月，熊廷弼又进一步提出“三方建置，须联络朝鲜”。

这个策略无疑是正确的，也为明熹宗所接受。明熹宗任命他为兵部尚书兼都察院右副都御史，驻山海关，处理辽东事务。表面上看，熊廷弼获得了大权，可以按照计划实施自己的辽东战略，可以建功立业，升官晋爵。

拿破仑说，拥有一个蹩脚的将军比同时拥有两个优秀的将军要好。中国老话也说，疑人不用，用人不疑，这是君子用人的金科玉律。但是，在腐败的明朝后期官场上，这个用人原则根本没有市场。熊廷弼命中注定要倒霉。第一次他呕心沥血稳定辽东却被阉党陷害，第二次他再度碰上阉党。这一次，阉党直接安插人手到辽东，牵制熊廷弼。此人叫作王化贞，他被任命为广宁巡抚。从职权上看，王化贞归熊廷弼管。对大明帝国来说，王化贞也许是权衡之后最适合的广宁巡抚人选，但实际上，他不过是腐朽帝国里色厉内荏的马屁精。他出现在辽东，不仅削弱了熊廷弼的权，还最终砸了大明帝国的锅。

拿破仑像

熊廷弼虽然得以回到辽东前线，但是他并没有得到统一指挥关外军事的实权，相反，王化贞一介文官，不谙军事，却好高骛远，夸夸其谈，纸上谈兵不说，还刚愎自用。他在朝廷上口出狂言说他愿意领六万兵马出征，一举歼灭后金，“仲秋之月，可高枕而听捷音”。更为不幸的是，当时的兵部尚书张鹤鸣和熊廷弼意见不合，全力支持王化贞。

熊廷弼提出的守边战略遭到了王化贞的否决，王化贞提出了“画地分守”的方针，将2万步骑兵沿三岔河（辽河、浑河汇合后至营口入海处一段）120里防线“一”字形摆开，设点防守，平均使用兵力。此外，他还轻信蒙古察哈尔等部会出40万兵力援助明军守辽东的无稽之谈。

王化贞手里握着14万部队，而熊廷弼手里只有少量兵力驻守右屯卫。王化贞希望通过野战来迎合朝廷。

王化贞企图借助野战来获胜，然后加官晋爵，这种想法没有错，但是他既不吸取萨尔浒战役失败的教训，也不整兵备战，更不深入研究对手。

《孙子·谋攻篇》：“知彼知己，百战不殆；不知彼而知己，一胜一负；不知彼，不知己，每战必殆。”

孙子像

王化贞不了解对手，也不了解自己的实力。当时，虽然驻防辽东的将士有30万，其中驻守河西的明军将士有近10万人，但是战斗力差，士气低落，王在晋说：“问兵则曰不精，问器械则曰不备，问鞍马则曰不整，装贫做老只想回乡，便保身躯性命。”此外，经抚不和，战略战术意见不一致，给辽东局势带来了巨大的灾难。

夺占辽、沈10个月之后，努尔哈

赤得知明朝派了个祸害来拖住熊廷弼，非常高兴，决定趁机西渡辽河，攻打广宁。天命七年（1622年）正月十八日，八九万的后金将士趁河水冰封容易渡河的好时机，率军从东昌堡（今辽宁海城市牛庄南）西进。

战报传来，王化贞吓得脸色苍白，他命令将士防守：总兵刘渠率领2万将士守镇武（今辽宁台安西），总兵祁秉忠率领1万明军防守闾阳（今辽宁北镇西南闾阳驿），分南北两路与广宁成掎角之势；副总兵罗一贵（一说罗一贯）领兵3000防守西平堡；派一支部队驻守镇宁（今辽宁北镇东）；王化贞自己则率领主力守广宁，他希望凭借四堡屏障广宁，挫败后金。

二十日清晨，后金5万人渡过三岔河西进，防守河岸的明军看到敌军兵强马壮，势不可挡，立刻溃逃。后金乘势追杀，并围攻西平堡，想围点打援。

觉华岛

一直喊着野战的王化贞龟缩在广宁不敢前去救援，而其他守城将领也畏敌如虎，不敢救援。战报传到熊廷弼手里，熊廷弼下达了救援的军令。于是，各守城将士才派援兵救援。对此，努尔哈赤将部队一分为二，一部分围攻西平，一部分阻击救援的明军。

二十一日，努尔哈赤写了劝降书给守将罗一贵，罗一贵严词拒绝。双方鏖战西平，明军三次挫败后金的猛烈攻击，但弹尽粮绝，罗一贵的一只眼睛又被流矢射中，最后自杀殉国，都司陈尚仁、王崇信战死，将士大多数被杀。

而总兵刘渠、祁秉忠、孙得功、祖大

寿等率兵救援，在平阳桥（西平堡西北）与后金军遭遇，双方大战。不料，由于孙得功被后金收买，他挥师攻打救援明军，结果刘渠战死、祁秉忠中三刀两箭，突出重围后殉国，祖大寿逃到觉华岛，援军全军覆没。

西平沦陷后，努尔哈赤兵临广宁。广宁地处医巫间山西麓，有三岔河这个屏障，是王化贞的驻地，城内有精兵2万。得知西平沦陷、援军覆没，王化贞无动于衷。直到二十二日，他才督军守城，可是军心已大乱，民众四处逃难。王化贞脚底抹油，开溜了。

二十三日，熊廷弼率领数千明军从山海关救援广宁，但是他行军到大凌河（今辽宁凌海市）碰到了吓得脸色发白的王化贞。此时，他才得知，广宁不保，于是只能掩护军民撤入关内。二十四日，孙得功出城3里跪迎后金，后金不战而取广宁。此战，后金占领了河西40多个城堡。

又是惨败！朝廷愤怒了。阉党和一些持反对意见的人，纷纷上疏朝廷严肃处理熊、王二人罪责。王化贞入狱，熊廷弼被罢免官职回老家等候处理。原本熊廷弼还可能保命，毕竟辽东战败都是王化贞造成的，但是，因为党争，他既不被东林党庇护，又得罪了阉党，最后进了监狱，只是他再也没能活着出来。至于张鹤鸣，最终被革职。

事实上，明军遭遇惨败，从政治上说，还是朝廷不信任熊廷弼造成的，熊廷弼空有经略的名义，却无掌兵之实，这才是失败的根源。从军事上说，王化贞这样祸国殃民的人为了党争之私利，夸夸其谈，一再耗费国家的战争资源，最终导致军事上的大溃败。

但是，讨论再多也是没有用的，因为大明帝国从来不会真正地吸取教训，就算袁崇焕主政辽东也还是一样，大明帝国的这座破房子用不了多久就会崩塌的。

6. 高官都没人愿意当

广宁失守意味着努尔哈赤的又一次胜利。此战之后，辽东战局更加扑朔迷离，后金有可能从辽河中下游转向辽西走廊，对大明帝国形成更为严重的威胁。不过，努尔哈赤并没有继续行军打仗，而是班师回朝。这倒不是他有善心，而是他能力不够。

当时，前线和后方都给后金造成了不小的威胁，这种威胁不是来自于明军，而是来自于明朝的民众。努尔哈赤在攻打辽东期间，对汉人进行大规模的屠戮和残酷的奴役。每次攻打一个地方就执行“抗拒者被戮，俘取者为奴”的政策。明万历四十六年（1618），努尔哈赤攻克抚顺后，下令拆毁该城，并肆意烧杀抢掠，将34万人充作奴隶。萨尔浒、铁岭、辽阳、沈阳等地民众也遭到不同程度的屠戮和奴役。辽西的大小凌河、锦州、义州和广宁等地的反抗斗争，此起彼伏，极大地牵制了后金的兵力，甚至威胁后金的军事行动。特别是十三山（今辽宁凌海市东北）军民的反抗斗争最为激烈。他们拒不剃发，坚决不投降。

而在后方，由于努尔哈赤实行恐怖的民族压迫政策，引发了民众的反抗。首先，将剃发作为汉人降服的硬性规定，稍有不从者，就进行武力镇压、屠戮。其次，为了防止汉民逃跑，努尔哈赤下令采取军事手段将他们像牲畜一样赶到女真聚居地监禁起来。再次，女真人还肆意侮辱汉人、抢夺汉人的财物，奸淫汉人妻女更是司空见惯的事情。最后，汉民还要承担大量的劳役：筑城、修堡、煮盐、运输等都由汉人干。

哪里有压迫，哪里就有反抗，在努尔哈赤的民族压迫下，民众纷纷反抗。比如天命八年（1623年）六月，复州城（今辽宁复县西北）1万余人发动起义，努尔哈赤派代善、德格类等率兵2万人前去镇压。

民众的反抗，大大削弱和牵制了后金，使努尔哈赤无法集中兵力于辽东。这也给大明帝国提供了备战的机会。

事实上，朝廷也找到了替罪羊，处理熊廷弼和王化贞后，立即商讨应对之策。很显然，战守之策仍需讨论。当时朝廷对守不守关外发生了激烈的争论。许多大臣以关外要地损失殆尽、耗费粮饷太多为理由，强调关外不可守，主张画关而守，也就是守住山海关即可。

但是，孙承宗、王在晋等人认为，辽东局面已经很坏了，一再败退，已经退无可退，要保京师无虞，必须守关外。最后，朝廷决定，还是先收拾烂摊子。

国危思良将。谁去呢？谁都不愿意去。后金凌厉的攻势，辽东盘根错节的局面，朝廷内部的党争，已经让辽东成了死局，谁去谁死。现实一再证明，不管是辽东经略，还是辽东总兵官，谁当谁殉国。

可是，谁都不去肯定不行。于是，朝廷就展开热烈而诛心的讨论，最终皇帝圈定了一个人：解经邦。

解经邦是陕西韩城人。解经邦一家中进士的很多，他和他的哥哥解经雅、解经传中进士，他的弟弟解经达、解经铉又中举和选为贡生，时称“一母三进士，一举一贡生”。其子解胤樾、解胤标也中进士。

解经邦在万历二十三年（1595）中进士，刚开始也是在地方当知县，后来他的官位不断上升，升到了宣府巡抚。但是，官位越大，责任越大，如果能力不能与官位相匹配则会害人害己，祸国殃民。天启二年，广宁战役大败，明熹宗任命他为兵部右侍郎兼都察院右佥都御史经略辽东。

任命下来后，大臣舒了一口气，而解经邦却忧愁不已。明知是死，难道真要去送死？虽然君要臣死，臣不得不死，但是经过再三思考，他连续写了三道奏折，请求皇上收回成命。这一下惹怒了明熹宗，明熹宗下达了批示：“著革职为民，永不叙用。”

享受高官厚禄，不思为国尽忠！虽然不只解经邦一人如此。只是，他虽然躲过了此劫，但他的子孙却没那么幸运。后来，李闯王攻下解经邦的老家韩城后，将解经达以及解胤樾（解经邦长子）的儿子解光缥、解胤标（解经邦次子）的儿子解光缨等人打死。

且说朝廷大事。解经邦宁可不做官，也要保命，可见辽东局势之复杂。不过，辽东方面还是得有人去主持。推来推去，最后选了一个跟袁应泰、王化贞相差无几的人物：王在晋。

第五章

使徒行者：我愿下地狱

1. 乱世出英雄

辽东防线不断收缩，山海关成了抗敌前线。战报传到北京，群臣惊恐万分，后金会如何行动，会不会打过山海关？一旦山海关丢失，后金将长驱直入，直逼京师。为此，大明帝国连夜开会，整个皇宫灯火通明。一副如临大敌的样子！这个时候，袁崇焕正在北京参加地方官吏的考核。

朝觐考核是明代地方官考核制度的一种。对明代文官的考核，主要有考满和考察两种。考满针对所有官员，三年一考核；考察也是三年一考，地方官主要通过朝觐考察和巡视考察来进行。万历十一年到万历四十七年，本该有13次朝觐，但是却只进行了10次，袁崇焕朝觐的年份应该属于非正常时期。

辽东局势危在旦夕，袁崇焕心里非常着急。不过，他并不像许多人那样忧心忡忡，嘴里反复说着“为什么会这样”“怎么办”，相反，他想的是“我们能做些什么呢”。随后，摊开地图仔细察看。

不久，为了防止后金进攻北京，京师闭门9日。在这期间，满朝文武惊慌失措，而民众则人心惶惶，整个大明帝国笼罩着惊恐的氛围。就在大家躲在家里战战兢兢，盘算着逃亡或者是等待后金发动进攻的同时，袁崇焕发话了。他说一切情况不明，没必要自己吓自己，然后分析了大明军队和后金军队的实力对比：后金没有能力长途奔袭和打持久战等。

按照品级来说，辽东大事跟小小七品地方官袁崇焕是沾不上关系的，但是他得到了伯乐的力荐。《明史本传》："天启二年（公元1622年）正月，朝觐在都，御史侯恂请破格用之，遂擢兵部职方主事。"

为什么是侯恂[①]推荐呢？原来侯恂是考核袁崇焕的官员。在考核期间，他和袁崇焕有过沟通和交流，由于时局紧张，双方不免谈起辽东的局势。袁崇焕说："虽然后金野战能力强，但是攻城能力弱，几乎都是靠间谍内外配合才能攻下城池。此外，后金兵地盘小，人少兵少粮饷少，武器都是刀矛弓箭，经不起持久战和损耗。而我大明则兵马众多，火器先进，善于守城，如果能够整饬边关，必然能够守住山海关，消灭后金。"

东林党人御史侯恂慧眼识英雄，就向皇帝推荐说："皇上，辽东方面局势不容乐观。广宁不守，山海关会震撼，山海关不守，京师则不稳。现在保卫山海关就是保卫京师的门户。但是，我们知道，戡祸定乱必须借助于谋臣猛将。我们环顾在京的官员中，邵武知县袁崇焕，英风伟略，不妨破格留用。"

不过，单凭侯恂一个人的推荐显然力度是不够的，除了侯恂之外，历史上还有一个人的推荐极为重要，那就是侯恂的同僚，同为监察御史的江日彩。

在《议兵将疏》中，江日彩也力荐袁崇焕：

> 今邵武令袁崇焕，夙攻兵略，精武艺，善骑射。臣向过府城，扣其胸藏，虽曰清廉之令，实具登坛之才，且厚自期许，非涉漫谈。其交结可当一臂者，闻尚多人。今见觐于辇毂下。枢部召而试之，倘臣言不虚，即破格议用，委以招纳豪杰，募兵练将之寄，当必有以国家用者。

① 东林健将，当时极负盛誉，其子就是《桃花扇》男主人公侯方域，时人认为他的文才武略与洪承畴不相上下。当然，他还举荐了良将左良玉。

对此，钱龙锡写的墓志铭也可以佐证，他提到举荐袁崇焕一事说：“辛酉还朝，值广宁之陷，榆关告急，公荐今督师尚书袁公崇焕出守宁远，卒再挫虏锋，人咸谓公知人云。”

宁远古城

相比较于侯恂，江日彩的推荐有奏疏留下来，但侯恂则没有。后来，袁崇焕被冤杀，牵连不少人，就连录取袁崇焕的主考官都被罢职，但是侯恂却一点没事，而江日彩在袁崇焕宁远大战前一月去世。

当时，东林党握有大权，说话有分量，于是，皇帝就提拔袁崇焕为兵部职方司主事（部里低级官员），主要负责管理舆图、军制、城隍、镇戍、简练、征讨等方面的事情。这一年，他38岁。虽然不算重用，但这也算是给袁崇焕一次展现才华的机会，从此以后，袁崇焕开始了轰轰烈烈的戎马生涯。

38岁弃文从武，对袁崇焕来说，虽说晚了点，但是起码实现了他“宁为百夫长，胜作一书生”的愿望。

2. 单骑走边关

袁崇焕从七品升至六品，虽然只升了点，但是袁崇焕深知，朝廷对自己的能力有所怀疑，只有自己做出成就来，朝廷才会给他更大的施展空间。于是，袁崇焕决定做出点事情来让他们看一看。

当时，广宁沦陷，大明帝国乱成一锅粥，朝廷对于山海关局势如何处理存在争议，有的人认为必须撤换主官，改派能征善战的将领前去抗敌，收复失地；更多的人则担心乌纱帽问题，面面相觑，摇头叹息。袁崇焕虽然之前听老兵讲过辽东局势，自己也察看过地图，心里也有些想法，但是，没有调查就没有发言权，所以，他做了一个大胆的决定：出关实地调查。

为了避免不必要的麻烦，他没有跟同僚打招呼，也没有和上级打报告，更没有跟家里人说，直接悄悄地离开北京城，单枪匹马往山海关方向奔去。到达山海关后，他发现虽然官兵民众人心惶惶，但是并没有发生大规模的战斗。

提起山海关，可谓是无人不知无人不晓。事实上，在中国数千年历史上，山海关也极为有名。且不说，五千多年前就有人类在这里繁衍生息，单单它见证过的历史就让人“刮目相看”：秦始皇第四次东巡，在山海关设下国门；隋炀帝讨伐高丽，至临渝宫；唐太宗征高丽，自临渝还；中山王徐达领兵到此，便建造山海关……

见证过诸多历史的山海关凭什么让伟大的帝王、将军驻足？很显然，还在于山海关自身的魅力。在中国，有这样的说法：山聚仙乃奇，海藏龙而神，关踞险为雄。而山海关竟然三者皆备，是中国唯一一个以山、海、关合并命名的地方。山的险峻、海的宽广和关的雄伟，一一具备。它依燕山，傍渤海，形势险要，是明代的军事重镇。

早年游历至山海关时，袁崇焕就禁不住惊叹道："啊，雄关固在，天不负我也。"随后他赋诗一首：

层楼高百尺，形势控西东。
人物兴亡外，川原指顾中。
万家秋杵月，一片锦帆风。
薄醉吹长笛，登临兴不穷。

不过，此次前来的目的是了解地形、军情，所以他将大部分时间花在考察军务上，他认真察看关内外的地形、地势、人文风情，了解了明军的战备情况，并多方了解后金的军事实力。由于处于一线，又和身处前线打仗的将士们待在一起，袁崇焕对局势有了更清晰的认识，山海关、八里铺、前屯卫、宁远等一一刻在他的脑海里，抗金大计也在他脑海里形成了。

山海关一行，注定了袁崇焕从此要过上刀尖舔血、跌宕起伏的人生。

3. 主动往火坑里跳

回到北京后，他整理了思路，将自己所见所想写成报告，呈交给明熹宗并毛遂自荐：“只要皇上您相信我，愿意给我足够的兵马粮秣，那么我一个人就能够打败后金，收复失地。”

为什么人人怕死，他却往前冲？因为他胸怀大志。然而，跟许多身材魁梧、彪悍勇猛的将军相比，袁崇焕显得有些孱弱。

谁都清楚，辽东是个坑，谁去谁倒霉。不管谁去都要面对这样的局面：己方将士们屡战屡败，军心涣散，粮草不继，辽东败局难以扭转；前方有后金兵屡战屡胜、无一败绩，而且还有优秀的统帅努尔哈赤坐镇；后方有昏庸无能的皇帝和贪财如命、贪生怕死且残害忠良的各级官吏。也就是说，当辽东的主官，要在极为困难的情况下三线作战，而且基本上最后不是被关进大牢就是被杀头。

也因为这样，朝廷里官员谈山海关色变，谁都不愿意去山海关防敌。不过，袁崇焕却明知山有虎，偏向虎山行。

在山海关危若累卵的情况下，在满朝文武生怕因为山海关丢官丢命的情况下，袁崇焕主动请缨，挺身而出，让朝廷上下大吃一惊。这不明摆着去送死吗？

虽然愿意捐躯赴国难，但是袁崇焕的愿望能不能实现还得看朝廷的安排。天启二年（1622）二月，兵部给事中蔡思允上了一道奏折说，山海关情况混乱不堪，10多万军队只剩下5万人，而且兵器等不全，人员弊衣垢面，而城池则矮小不坚，难民溃兵聚集在一起，容易引发大变，朝廷得赶紧派能将前去处理。随后，他提出了人选，访得原任辽东兵备阎鸣泰、新升兵部主事袁崇焕，皆饶有才略，宜勒令分任榆关。

明熹宗阅后，即使他深知前线军情火急，但是他还是不相信38岁没带过兵的袁崇焕。不过，怀疑归怀疑，鉴于没人接这个烫手山芋，他只好任命袁崇焕为山东按察司佥事（军事巡查官）、山海监军。

袁崇焕非常高兴，他在《擢佥事监军奏方略疏》中对朝廷保证道："誓不以身蒙速进之耻"，"不但巩山海，即已失之封疆，行将复之。"他说："谋定而战，臣有微长也。"

就这样，袁崇焕把自己的命运和大明帝国的命运捆绑在了一起，然而，就像其他决定性行动一样，这种决定并不是他深思熟虑后的结果，而是路见不平拔刀相助、国家有难赴汤蹈火在所不辞的本能和信念使然。

当然，除了袁崇焕的爱国使命促使他选择冒险去辽东之外，袁崇焕从小看到大、从小听到大的英雄人物的所作所为也对他有些影响。且不说蒙恬、霍去病、卫青等名垂千古的名将，单说明朝一朝的名将统帅就让袁崇焕热血沸腾，追击北元于大漠的徐达，平定云南的傅友德、蓝玉、沐英，坚持北京保卫战的于谦，驱逐倭寇坐镇北方而使边境十多年没大战争的戚继光、抗倭名将俞大猷、威震辽东的李成

王守仁像

梁，入朝作战名将李如柏，平定壮族起义的王守仁、抗击鞑靼的曾铣……

其中有些人，比如戚继光等抗倭名将还活到袁崇焕出生后，也就是说，袁崇焕生活的年代，英雄还健在。这些人建功立业无疑对袁崇焕产生了影响。

只是，袁崇焕主动往火坑里跳的举动，让他在北京无数同僚面前显得很愚蠢，这些人不了解他想干实事的一面。这对袁崇焕来说，反倒是件好事。因为在未来的岁月里，很多大人物低估他，这些官场老油条只看到了矮小黑黝黝的袁崇焕，只看到在偏远地区政绩一般的官员，他们很难想象袁崇焕究竟有什么样的能耐去力挽狂澜。但是，在未来的日子里，袁崇焕在不被看好的情况下仍然坚持自己的信念。

兵马未动粮草先行，粮草对军事来说尤为重要。于是，袁崇焕上疏请求调兵，准备出征。朝廷象征性地拨给他20万两银子，让他招兵买马。谁都清楚，辽东是个无底洞，不知道要耗费大明帝国多少银子，区区20万两能够干什么呢?

但是，袁崇焕还是兴致勃勃地准备去“填坑”。在离开京城之前，袁崇焕特意到监狱里拜见了倒了血霉的熊廷弼，他向这位作战经验丰富、战略眼光独到的老将请教战事。

4. 英雄所见略同

刚一见面，熊廷弼就知道袁崇焕此来的目的。不过，为了摸清袁崇焕的底细，他倒是先开口问道："不知道你此次去辽东，准备怎么对付后金？"袁崇焕毫无保留地说道："我主张守而后战。"

英雄所见略同！听到袁崇焕如此说，熊廷弼高兴得手舞足蹈，他终于碰到了知己，袁崇焕所说的守而后战与自己的"坚守渐逼"策略不谋而合。于是，熊廷弼便将辽东形势、明军情况、后金情况都告诉袁崇焕，他甚至画了张详细的地图给袁崇焕。英雄惜英雄，两人一谈到深夜。不过，令袁崇焕和熊廷弼没有想到的是，第一次相见竟然是最后的诀别。

得到熊廷弼的帮助后，袁崇焕心里更加有数。也许，这个时候，很多人会觉得很奇怪，大明帝国国土辽阔，战争资源丰富，文化先进，又占据火器优势，而后金还是靠明朝划给的小地方生存，文化落后，热兵器不会用，战争资源匮乏，大明帝国不该是主动进攻吗？怎么会变成被动的守势呢？虽说明朝腐败，但是戚继光抗倭、李成梁镇守辽东，很多时候是采取主动进攻，克敌制胜的，为何此时明军却要主动采取守势呢？

其实，战争的胜负不单单看武器装备、物资资源等，决定战争胜负的最终还是人。当时，明朝吏治腐败，贪官污吏横行，苛捐杂税繁多，民众苦不堪言，而保家卫国的部队军纪涣散，营私舞弊，逃的逃，吃喝玩乐的吃喝玩乐，不管是军队数量还是质量，都一落千丈。

正统末年军卒逃亡达160余万，就是拱卫帝都的京营人数也急剧锐减，由嘉靖时期的26万人减少到天启年间不足9万人。至于边防部队，情况更加糟糕，明初驻守辽东的有12万余精锐部队，但是万历末年只剩下6万；天津驻军在万历二十年（1592）有2万多人，但是到了天启四年（1624）就只剩2500人。内地的卫所军，到了万历末年，有的地区只剩五分之一的兵力。

这还只是从数量上说，质量上则更是一落千丈。万历四十七年（1619），辽东本地驻军加上支援辽东的各地军队，一共有8万多人，但真正能打仗的只有1.5万人。

而后金则刚好相反，虽然土地少，人口少，但是他们世世代代生活在辽东，对该地非常熟悉，而且实行的猛安谋克制，兵农合一，兵员素质高，擅长骑兵作战，最为重要的是，党争少，众志成城。

基于这样的分析，熊廷弼、袁崇焕才没有采取像戚继光那样的策略，而是先固守，然后徐徐图之，一旦辽东防线固若金汤，再步步为营，逐步压缩后金的生存空间也就易如反掌，消灭后金政权也就有了保障。

来到边关后，袁崇焕按照自己的想法进行防御。当年八月，熊廷弼被魏忠贤等阉党迫害致死，传首九边①。看到熊廷弼的头颅，袁崇焕震惊不已，他没有想到熊廷弼会因为王化贞造成的错误而被杀。面对熊廷弼的头颅，袁崇焕悲恸欲绝，并于深夜私祭熊廷弼，还写下了《哭熊经略二首》：

① 明朝统治者在东起鸭绿江，西抵嘉峪关，绵亘万里的北部边防线上相继设立了辽东、宣府、蓟州、大同、太原、延绥、宁夏、固原、甘肃九个边防重镇，史称“九边重镇”， 是明朝同蒙古残余势力作战的重要战线。

哭熊经略之一

记得相逢一笑迎，
亲承指授夜谈兵。
才兼文武无余子，
功到雄奇即罪名。
慷慨裂眦须欲动，
模糊热血面如生。
背人痛极为私祭，
洒泪深宵苦失声。

哭熊经略之二

太息弓藏狗又烹，
狐悲兔死最关情。
家贫罄尽身难赎，
贿赂公行杀有名。
脱帻愤深檀道济，
爰书冤及魏元成。
备遭惨毒缘何事，
想为登坛善将兵。

熊廷弼的死给袁崇焕带来了巨大的影响。他心里非常清楚，熊廷弼在镇守边关时没有犯大错，之所以下狱主要是因为王化贞指挥无能导致溃败，被牵连而已，罪不至死。熊廷弼之所以被杀，是因为魏忠贤等阉党的迫害。

于谦像

前方战线危机四伏，后面朝廷内部波诡云谲，袁崇焕既要在前线指挥军事斗争，背后又要应付朝廷的党争。可以说，他的政治生命以及自身性命都处于极度的危险之中，一旦处理不好，有可能身首异处，累及家人。

这些袁崇焕都知道。事实上，他也清楚，熊廷弼的故事有可能在自己身上重演。站在风口上，坚持还是撤退？袁崇焕必须做出决定。欲做大事，必须得破釜沉舟，准备好杀身成仁，舍生取义。岳飞、于谦不都是这样吗？正所谓天下兴亡，匹夫有责，作为大明帝国的一分子，他还是决定不惜一死报国家。

与众多贪生怕死、尸位素餐的官员不同，袁崇焕最终选择了朝不保夕的军旅生涯。他想到了永捷善战的广东步兵，想到了敢于冲锋陷阵、称雄于天下的广西狼兵；想到了叔父袁玉佩，好友韩润昌、谢尚政、洪安澜等，想到了蓟镇督粮推官林凤祥。于是，他写道："他日战之不利，即斩臣于行军之前，以为轻事者戒。"

> 伏乞皇上赦下部再覆，立赐施行，以不耽时日。此为东事最急第一著。臣所以报皇上知遇之恩焉，敢留而竭肝胆。如听臣之言，行臣之忠，臣必效力，以舒人神之愤。不但巩固山海，即使是已经能失之封疆，行将复之。谋定而战，战有微长也。

当时，袁玉佩带着结纳的壮士，加上招募和征调的，一共有六七千人，开赴山海关。而从广西的田州、泗城州和龙英州各调2000名狼兵，一共是6000多人，这些由林凤祥统领。此外，还从广东抽调了3000名水兵，按照广东的战船式样建造战船，交由陈九德统领。

袁崇焕将要开启新的人生。

第六章

将军在上：龙城有飞将

1. 新官上任三把火

天启二年二月，袁崇焕到山海关报到。刚开始，他驻守在山海关内，由于职权较低，他接受兵部尚书张鹤鸣[①]节制。三个月后，他受朝廷派来的辽东经略王在晋的领导。

早先讨论辽东战守问题时，王在晋还是主张防守，也提出了很多建议（有些还是具有可操作性的），但是王在晋这人，在聪明的外表下藏着一颗贪生怕死的心。

王在晋到任后，也想保住身家性命，他找袁崇焕推心置腹，聊辽东大局。其实与其说是共商大事，不如说王在晋在探口风。王在晋早有想法，那就是尽一切办法保命，起码不能丢了山海关。但是，袁崇焕一心报国，则直接说："关外守关，主守而后战。"

于是，王在晋命令袁崇焕驻防中前所（距离山海关30里），当参将周守廉

① 今安徽省阜阳市人，明熹宗时南京兵部尚书，1628年告老还乡，农民起义军攻破城池，被杀。

和游击将军左辅的监军[①]，管理前屯卫所的事务，后又安置前屯卫的流民。这正对袁崇焕的胃口，他斗志昂扬地出关上任。这次，跟到邵武当知县不一样，他一上任即采取大动作，“烧”了三把大“火”。

第一把“火”是整顿军纪。军纪在某种程度上是战斗力的表现。可是，明朝后期，军纪涣散是司空见惯的事情。加上当时辽东战场屡战屡败，官兵更是惜命自保，甚至想要集体开小差，当逃兵。袁崇焕察觉之后，亲自骑马追击逃兵，力斩数人，将军心稳定了下来。

第二把“火”是镇守前屯卫（距离山海关70里）。在与后金的战争中，明军丢城丢地，明军只在榆关有驻军，前屯卫城则处境堪忧，城池不坚固，士兵没有兵器粮饷，还没有完善的住房，军心不稳。但是，由于该地位置重要，所以，王在晋命令袁崇焕前去安置辽东失业的难民。袁崇焕于当夜出发，在荆棘丛生、虎豹出没的荒野里徒步前行。他的这个举动，让全城将士佩服不已。经过一番安抚，人心稍定。而后，袁崇焕主动请求率兵驻守器械不全、军心不稳、城池不固的前屯卫。

第三把“火”，天启二年（1622）八月，蒙古察哈尔部首领就款，阎鸣泰与袁崇焕受命出关献盟，出色地完成了任务，这为大明帝国对付后金增加了筹码。

袁崇焕是明朝后期难得的好官，他执行力强、能吃苦、办事务实、公正严明。对此，王在晋心知肚明，他也这样评价袁崇焕：其人有魄力、有大志，胸怀坦白，心地光明，迥迥出群。

---

① 古代监军皆临时差遣，代表朝廷协理军务，督察将帅。汉武帝时置监军使者。东汉、魏晋皆有，称监军，也称监军事。又有军师、军司，亦为监军之职。隋末以御史监军事，唐玄宗始以宦官为监军。中唐以后，出监诸镇，与统帅分庭抗礼。明代以御史或宦官为监军，专掌功罪和赏罚的稽核。清废。

宁远炮台

也因为对袁崇焕的表现极为满意，王在晋给朝廷写了奏折，请求政府任命袁崇焕作宁（远）前（屯卫）兵备佥事，负责守卫宁远（今兴城）和前屯卫。至此，袁崇焕有了自己的防区。

宁远离前屯卫130里，由于该地废弃依旧，兵不成兵，将不成将，城不像城，袁崇焕只好召集3000辽民并训练他们，守卫宁远。宁远成了山海关关外的第一道防线。

对于王在晋的赏识与支持，袁崇焕也非常感激，但是两人在战略上有严重的分歧。王在晋在辽东的策略是“拒奴抚虏，堵隘守关”，所谓的拒奴抚虏即充分利用蒙古的兵力来反抗后金的入侵；所谓堵隘守关，就是巩固山海关。具体的做法是：力主在山海关外八里铺筑城，派4万兵防守。这种不图进取的策略跟袁崇焕先守后攻的战略发生了冲突。

因为战略不同，两人在具体事务上的矛盾越来越多，其中尤为典型的是八里铺加筑关城事件。广宁战役失败后，如何巩固边防防止金兵入侵成了朝廷关注的重点，也是讨论的焦点。对于守关内还是守关外的问题，基本上形成了三种观点：王象乾、王在晋等人认为，应该收缩防线，在八里铺加筑一重关城，理由是重关设险，卫山海关以卫京师；有人认为，应该守觉华岛；袁崇焕、主事沈棨、赞画孙元化等人则认为，应该“捍关外以守关内”，并提出了驻守远离山海关的宁远。他们阐述了这样做的理由：

第一，普天之下，莫非王土，这些土地是先辈浴血奋战打下来的，作为后代子孙不能轻易放弃。

第二，宁远战略位置重要，驻守宁远，宁远成为山海关的屏障，进可以进攻金兵，对金兵形成威胁，退可保护通往山海关的咽喉要道。此外，宁远地势险要，北面是山，南面靠海，宽不过40里而已，这里是打伏击的好地点。如果敌军啃不下宁远，那么他们要么撤退，要么绕过宁远进攻山海关，那么宁远就可以掐断金兵的退路，两路夹击，消灭金兵。

第三，宁远可以守得住。单纯守宁远，孤城一座容易被攻克，但是它可以和距离其20里的觉华岛（今辽宁兴城东南海面菊花岛）成掎角之势。一旦金兵进攻宁远，岛上的军队就可以袭击敌军后方三岔河一带，牵制敌军。宁远所需的军需品，可以先运送到觉华岛，再通过觉华岛运到宁远，解决后勤补给问题。此外，岛上的水师更可以有所作为，它可以和山东、辽东沿海一带的水师互通有无，相互配合，相机而动，袭击敌人。这种水陆联合作战、退可守进可攻的策略完全可以实现。

第四，可以解救十多万难民，并作为防守的部分力量。广宁战役失败后，十多万难民聚集在十三山，为金兵包围。宁远距离十三山不过200里，这个行动完全可以取得成功。

虽然袁崇焕等人的想法和理由非常充分，利大于弊，但是王在晋生怕一旦战败会给自己带来严重的政治影响，所以，他否决了袁崇焕的方案。袁崇焕据理力争，结果毫无效果。在这样的情况下，袁崇焕做了一条违背当时官场规则的事情：越级汇报情况。

这一汇报给袁崇焕带来了新机会，也给袁崇焕找来了新伯乐，同时也为辽东书写了一段短暂和辉煌的历史。

2. 孙承宗巡辽东

袁崇焕两次写信给东林党魁首叶向高，除了陈述坚守宁远的策略外，他请命前去驻守宁远。

面对辽东传来的信息，朝廷内部吵成一锅粥。叶向高由于不了解辽东的具体情况，一时难以裁决，于是就找人商量。最后，内阁孙承宗主动请命前去巡边。

孙承宗，这个人物放到中国五千年的历史里不算什么。要说当官当得不错，倒也说得过去，但在几千年的中国历史长河里，算不上什么英雄人物；要说保家卫国建功立业有多大的成就，他算不上，因为他最终没能成功挽救大明帝国；但是将其放到明末那段战争频仍的岁月里，他真算得上是大人物，因为他影响了历史的走向。

孙承宗不仅能文，还会武功，是一个文韬武略兼备的人物。当然，这样的人是朝廷极为需要的。广宁战役失败后，他被提升为兵部尚书兼东阁大学士。

来到关外，孙承宗视察了山川关隘，听取了辽东各级官员的战况汇报，他心里有底了，他认为王在晋于关外八里铺筑城的实质在“不为恢复计，画关而守，将尽撤藩篱”，说白了就是不思进取，只求自保。他觉得宁远 “天设重关，以护神京，必不可不守”，他支持袁崇焕。

但是，反对派势力强大。孙承宗和王在晋谈了七天，他的苦口婆心没能打动王在晋那贪生怕死的心。早在上任初期，王在晋就对辽东局势抱着悲观的态度，他认为：山海关南边是大海，如果后金乘船杀来，瞬间可到；山海关北边是群山，如果后金居高临下冲击山海关，山海关也守不住，山海关中间是关城，就像锅底一样，敌人如果从上面冲击下来，也无处可守。山海关只能防卫军民出入之用。有“天下第一关”美誉的山海关，在贪生怕死的王在晋看来，根本守不住。

有这种想法的还不只王在晋一人。张应吾、邢慎言等人也持放弃关外守关内的政策；而山海关监军阎鸣泰、孙承宗部将马世龙等人主张守觉华岛。

不过，王在晋等人也知道山海关到北京只有七八百里的距离，一旦山海关被攻破，京师没有屏障，后金旦夕可抵达京城。如此一来，他的脑袋也会搬家。于是，王在晋、张应吾、邢慎言主张修八里铺，就是象征性地在山海关外围设立一个据点，象征性地抵抗一下。

为此，王在晋还上疏朝廷，提出修八里铺的具体建议：预计绵长20里，4000多丈，预计要耗费124万两白银（财政一年收入约400万）。他还声称，这是和山海关守望相助。但是耗费巨资搞一个小据点，值得吗？

朝廷收到王在晋的奏折后，也开始讨论，大家认为耗费这么多钱搞个军事据点太不值得，但是由于辽东的军事长官（王象乾）都认可这个方案，那就执行吧。于是，政府拨款20万修筑土墙。

不过，袁崇焕等人认为耗费巨资修筑一个军事意义不大的据点是不值得的，所以他跟朝廷打了报告。与此同时，孙承宗召开军事会议。孙承宗一一驳斥了王在晋修八里铺的建议。

由于遭到了驳斥，王在晋等人便让步，说要关外守也行，但不能守宁远，而应当守中前所。而辽东巡抚张凤翼跳了出来，说，当今世界上没有一个人会想着能够收复辽东，单单你孙承宗行。你不觉得螳臂当车，自不量力吗？而金事万有孚和刘诏等人也一致反对守宁远。

不过，孙承宗力排众议，坚持守宁远和觉华岛。他说：

> 敌未抵镇武而我自烧宁、前，此前日经、抚罪也；我弃宁、前，敌终不至，而我不敢出关一步，此今日将吏罪也。将吏匿关内，无能转其畏敌之心以畏法，化其谋利之智以谋敌，此臣与经臣罪也。与其以百万金钱浪掷于无用之版筑，曷若筑宁远要害？以守八里铺之四万人当宁远冲，与觉华相犄角。敌窥城，令岛上卒旁出三岔，断浮桥，绕其后而横击之。即无事，亦且收二百里疆土。总之，敌人之帐幕必不可近关门，杏山之难民必不可置膜外。不尽破庸人之论，辽事不可为也。

于是，他宣布了最终结果："阎鸣泰主觉华，崇焕主宁远；在晋及张应吾、邢慎言持不可。"

天启二年（1622年）正月，广宁战役失败后，义州（今天新义州沿鸭绿江岸北28里）大侠召集明朝溃散的兵士、难民十万人坚守城池，反抗金兵，绝不投降后金。与此同时，他命令毕麻子兄弟率领部分兵力在十三山扎营结寨，以为支援。

后来，毕麻子合并了杨三的部下，派勇士陈无民入关求救说："十万义民忍死待救。"收到这样重大的情报，王在晋却置之不理，袁崇焕非常生气，他主动请缨，希望可以带5000人进驻宁远，以为声援，同时请求王在晋派兵前去救援难民。

他说，解救难民是部队保家卫国应该有的责任，不能坐视不理，而且这些难民是巨大的战争资源，解救出来后，可以留下一部分在宁远，一部分人可以派送到觉华岛，同时可以从中挑选精壮者训练精兵，其他的民众可以让他们屯田放牧。如果工作做得好，未来明军还可以借助这些力量逼近锦州。

说完救人的好处后，他还阐述见死不救的后果：坐视不管，不仅会冷了民众的心，一旦被金兵俘虏，那么会大大增强金兵的力量。

可是，任凭袁崇焕说破嘴皮子，王在晋就是不为所动。无奈之下，袁崇焕又再度去找孙承宗。孙承宗支持袁崇焕，于是找总督王象乾商议。

辽东大军每次出兵都失败，军心早已涣散，一听后金就脸色大变，逃命都来不及，更别提要去救援被困的军民了。更何况，王象乾不希望在大臣写给皇帝的奏折里增加一条军事失败的内容。但是，孙承宗是上级领导，王象乾也不能驳了面子，于是就说，关上的士兵士气低落，无法完成救援任务，应该派插部护关的3000人执行这个艰巨的任务。

孙承宗认为可以一试，于是就告诉王在晋。可是一心抱着“多一事不如少一事”的王在晋却虚与委蛇，表面上答应，背地里却拖延日期不去救援。结果10多万军民只有6000人冒雨杀将出来，其他则被俘虏、屠杀。

可虎口逃生的民众并没有得到明军将士的支援和热情接待，王在晋派来的将士不让他们入关，也不让他们驻留关外，反倒将他们送到海岛。

3. 辽东来了新主官

巡边结束后，孙承宗回到北京，他将所见所闻所想写成报告，上交给皇帝，在奏折中，孙承宗说“在晋不足任”，请求朝廷撤销王在晋辽东经略职务，将其调任陪都南京兵部尚书。他还说，朝廷应当重用袁崇焕，因为“崇焕英发、贴实，绰有担当。（并）自愿为大将，臣取其志，尚欲练其气，遂罢八里铺筑城之议”。

明熹宗阅完奏章，得知袁崇焕深夜走野岭、力图救难民等事件后，觉得此人或许可担大任，也有意重用，但是他认为袁崇焕要想有一番作为，必定要有一个和他战略一致且包容心强的人当他的上级，否则老是干越级上报的事情，事做不好不说还可能丢了官。于是，明熹宗做了批示：孙承宗 “以原官（兵部尚书）督理辽东、蓟镇、天津、登莱等处军务”。

批示下来后，王在晋离职（此人后来因为在魏阉逆案中参与纂修《三朝要典》受到一定牵连，被削籍）。九月三日，孙承宗到任。到任后，孙承宗重用有勇有谋的文臣武将，如袁崇焕、鹿善继、孙元化等人，开始实施整饬辽东军务的计划。

他命令总兵江应诏制定兵制，建军袁崇焕修缮营房，总兵李秉诚锻造兵器，广宁道万有孚招募辽人采木修营，兵部司务孙元化勘察北山南海，选择险

努尔哈赤雕像

要隐蔽地点布置伏兵，游击祖大寿负责觉华岛粮草和兵器储备问题。

跟袁应泰、王化贞、王在晋不一样，孙承宗对辽东有自己的策略。他综合各方意见，制定了守关外以蔽关内，层层设防，逐步推进，最后恢复全辽的积极防御的战略方针。根据战略规划，他做出抓宁远、守觉华岛的决定。具体为：一，重点驻守中前所、宁前屯、中后所（今辽宁绥中）、宁远，将防线向前推进200里，将前哨阵地往前推到右屯卫、大凌河，构建牢固的宁锦防线，迫使努尔哈赤撤退到广宁一带；二，派一部兵力驻守觉华岛，水陆配合，屏障山海关。这是整顿辽东的第一步。可以说，孙承宗的辽东方略可归为“一个中心，两个基本点”。

宁锦防线的重点是宁远，宁远城防极为重要。为此，孙承宗升原山石道阎鸣泰为辽东巡抚，而将袁崇焕任命为山石道，专门负责宁远军务。在伯乐的赏识下，袁崇焕这匹千里马开始有了施展才能的空间。

在孙承宗的领导和保护下，袁崇焕按照自己的想法整顿宁远，史书记载“内抚军民，外饬守备，劳绩大著”。不过，袁崇焕在处理事情上还是不够成熟，他是个急性子，遇到不公正的事总想立即处理，结果违反了军纪。有一次，袁崇焕查核军伍，发现有人以空名来领饷银，他极为愤怒，未经请示上级批准就将此人斩首。

消息传到孙承宗那里后，孙承宗面色不悦，他招来袁崇焕问道：“国有国法，军有军归，你作为监军，难道可以不经请示就擅自杀人吗？”袁崇焕知道自己犯了军纪就是犯了错误，于是顿首谢罪。孙承宗爱才，便没有惩罚他。

天启三年（1623），孙承宗决定派人修复宁远城。派谁去呢？袁崇焕是定了的，他主张守宁远，派他去最合适，但是他毕竟是文臣，还需配个武将。派谁去合适呢？孙承宗的手下探讨了起来。马世龙推荐了孙谏和李承先，孙承宗立即否决了这两个人；随后马世龙和矛元仪直接说道：“满桂是不错的战将，适合守辽东，但是他是您的中军，我们不敢请调。”孙承宗听完，哈哈大笑道：“既然你们说满桂可以守宁远，那还说什么中军不中军。”

满桂是什么人？他也是明朝后期难得的优秀将领。他是当兵的好料子，从小就擅长骑射，后来每次出征，多有斩获。天启二年，孙承宗巡边的时候，满桂前来拜见。孙承宗一见满桂身材魁梧、极有气魄，便很是喜欢。孙承宗与他谈军事，满桂对答如流，颇有见地。孙承宗大喜，任命他为副总兵，出镇山海关，领中军事。

孙承宗立即叫来满桂，问他是否愿意去守宁远。满桂一听，眼睛大亮，欣然同意。孙承宗也很高兴自己没看走眼，当天就置酒给满桂践行。于是，袁崇焕与副将满桂准备携手驻守宁远，执行守卫宁远以保卫山海关的计划。但是，这个时候朝廷出了变故，派出张凤翼代阎鸣泰为辽东巡抚。

此人一心想要守山海关，与孙承宗的战略不同。孙承宗只好召开军事会议，商讨到底该驻守何地。会上多数人主张驻守关内，但是袁崇焕却坚持主张驻守宁远。经过一番唇枪舌剑，孙承宗采纳了袁崇焕的意见，他毅然决然地说："除此之外，我没有别的办法报国了。"

此次会议之后，所有人的命运都和袁崇焕的命运紧密地结合在一起。这些优秀的军事人才在同一时间会聚在一起，注定要做出一番事业。

宁远东边靠渤海，西边是山岭地带，地势险要。它位于山海关东北200里的地方，是辽西走廊的咽喉要道。从山海关出关30里到中前所，再走40里到前屯卫，继续走50里是中后所，再50里是中右所，再30里才是宁远。

孙承宗到任时，他曾任命游击祖大寿前去修筑宁远城。祖大寿奉命抵达宁远后却"玩忽职守"，只构筑了十分之一，而且城墙修筑得十分单薄，不符合修筑要求。

当然，这不能全部怪祖大寿。因为当时主张放弃宁远、防守关内的人很多。祖大寿认为，朝廷不会重视宁远，而孙承宗派他修筑宁远城池，也不过是做做样子。所以，他认为既然是做做样子，就不必太认真。

但是，祖大寿随大流的想法错了，他的政治情商低，低估了孙承宗坚守宁远的决心。袁崇焕等人到达宁远后发现祖大寿玩忽职守，将情况上报。孙承宗下令要斩杀祖大寿。但是，袁崇焕看祖大寿是条汉子，能征善战，是个人才，便极力挽救，最终，祖大寿逃过了一劫。

想要长远，修城必不可少。袁崇焕制定了修筑城池的规格：该城按照以台护铳、以铳护城、以城护民的原则修成，高三丈二尺，锥高六尺，址广三丈，上广二丈四尺，城周九里一百二十步。由于宁远城是山海关的屏障，又是进攻后金的前进基地，城池坚固与否极为重要。所以，袁崇焕亲自担任总指挥，命令祖大寿和高见、贺谦等将领必须亲自督工，认真构筑城池。工程前后耗时了7个月才完工。

有伯乐的栽培，加上自己的想法得以执行，袁崇焕非常高兴。但是，人生祸福不定，在他奋力防守辽东时，数千里外的老家传来了噩耗，他的去留成了大问题。

4. 收复失地400里

经过一番努力，宁远城矗立在关外，成为关外的一道亮丽风景线和军事重镇。工程完美竣工，袁崇焕非常高兴。但是，这时候，家里却传来了一个噩耗：袁子鹏去世了。按照当时的习俗，父母去世官员必须回家守孝三年。

但是，为了抗金大业，为了宁远这块极为重要的战略要地，他毅然夺情留任，誓与宁远共存亡。

由于袁崇焕为官清正廉洁，身先士卒，不摆官架子，关心将士，体察民情，很快获得了将士们的拥护，赢得了民众的认可。随着名声的远播，各地流民纷纷来归，不少富商也闻名而来，使原本危城一座的宁远在短时间内成为辽河以西最为富有的一个城市。

为了保护民众的利益，稳住民心，袁崇焕实行了从严治军的策略，不许将士拿老百姓一针一线，违者斩首。命令下达后，将士们极为收敛，但还是有些人不顾军令伸出了手。

有一次，袁崇焕便服巡防，在街上看到一群人在围观，他也凑上去“看热闹”。结果一看，发现一位士兵正在对一位老人拳打脚踢。袁崇焕脸色一沉，立刻喝住士兵，问清缘由。原来这个士兵前几天调戏了老人的女儿，被老人打了两个耳光。当时士兵自知理亏，悻悻而走。今天路上碰到老人，士兵便诬告他偷了自己的钱，拼命地踢打老人。袁崇焕愤怒至极，立即将这个士兵抓回去，查明情况后，斩首示众。

宁远这座城池在未来抗金大业中始终屹立不倒，始终是金兵无法攻克的坚城，直到吴三桂引清兵入关，它才沦陷。黄尊素（东林党人，黄宗羲之父）对此有过客观的评价，他在所著《说略》中说："宁远在山海关以外，孤悬于蒙古与后金之间，袁崇焕毫无惧意，筑城凿壕，屹然成为重镇。他曾写信给当局说：'我在宁远，北京可以高枕而卧了。'"

可是，前线将士冒着生命危险构筑的城池依然没能坚定一些官员抗敌的决心。朝廷依旧有不少人反对坚守宁远的计划。对此，作为主官的孙承宗只好打了个报告给朝廷说，现在宁远城已经修筑成功，民心军心都稳定，宁远城可战可守，是与敌人必争之地，请朝廷的官员们高枕无忧，不要听信一些未经实地考察未经考验的官员的臆测。

孙承宗还在报告里比较袁崇焕和张凤翼："我愿意任用袁崇焕，因为他全力以赴，舍命筑城，急公好义；而不愿意任用那个逃避危难的大富翁，闭门念经的胆小鬼。"

由此可见，孙承宗对袁崇焕极为信任与器重。后来，根据计划部署，孙承宗改任袁崇焕为宁前道，专门负责宁前事务。袁崇焕的舞台越来越大了。但是，袁崇焕并没有满足于现状，他针对宁远的战略问题提出了新看法：

第一，防守宁远，屏蔽山海关，更能保帝都无虞。第二，提出了"辽人守辽土，辽土养辽人"的策略。当时，针对辽东问题，朝廷官员提出了各种各样的措施，辽东一有事，全国各地士兵源源不断地赶来支援。结果，山海关的将士操着祖国各地的方言，四川话、陕西话、山东话、山西话、河北话、河南话等响彻山海关。

一方有难八方支援没有错。但是这些都是客兵，偶尔救救急可以，让他们长期背井离乡守在他乡，问题就严重了。就算饭管够、钱管足，他们还是想回家。所以，长久之计最好用辽人，将辽人安插在2卫3所27堡间，施行屯兵制。

构筑完宁远城，袁崇焕的信心倍增，他开始打起了失地的主意。他把目光放到了锦州。如果他能够继续向东，把防线推到锦州，那么他就可以构筑宁锦防线。

这年九月，元气恢复的明军在袁崇焕和总兵马世龙、王世钦等率领下，共水陆马步兵1.2万人东巡广宁。明军到广宁拜谒了北镇祠后，浩浩荡荡地穿过十三山，巡视了大凌河北岸的右屯卫，然后从海城的三岔河乘船回到驻地。

这对明军来说是极大的进步。多年来，屡战屡败，明军军心涣散，士气低落，甚至想放弃关外，压根儿不敢想象两年后，能够到明军和金兵都没有占领的空白地区进行巡视，而且金兵还不敢出来交战。

这一巡视虽然没有发生战斗，但是却恢复了明军的士气，激发了广大抗金军民的斗志，而且明军摸清了大凌河、三岔河（今辽河），以及海州（今海城）、盖州（今盖州市）一带的军情、地形，为日后恢复辽西乃至收复辽东失地做了准备。

辛劳的付出终归换来了回报。袁崇焕被提升为兵备副使（负责巡查和整饬军备）和山东右参政（明代辽东归山东管辖）。袁崇焕很高兴，写了一首诗《偕诸将游海岛》：

战守逶迤不自由，偏因胜地重深愁。
荣华我已知庄梦，忠愤人将谓杞忧。
边衅久开终是定，室戈方操几时休?
片云孤月应肠断，椿树凋零又一秋。

对于一味钻营以升官来满足自己私欲的人来说，官越当越大，则危害越大，而对于一心报国的人来说，官当得越大，责任也就越大。袁崇焕深知此理，他没有为获得提升而沾沾自喜。他知道，这一切是他用命和血汗换来的，他更知道，要实现抗金大业还需要付出更大的努力。

抗金尚未成功，同志仍需努力。巡视结束之后，袁崇焕又忙了起来，投入到制作地图、研究作战方略中去。想法成熟之后，他向孙承宗提出了大胆的建议：重建锦州、各屯诸城。

巡视时，虽然后金没有发动进攻，但并不意味着后金默认将失地白白送还给明朝，相反，他们之所以没有占领这些失地，一是想给彼此留下缓冲地带，二是没有足够的兵力。如今，袁崇焕提出收复失地，意味着会打破这种平衡，惹来金军的进攻。

由于时机尚未成熟，孙承宗暂时压下了袁崇焕的提议。但是为了不打击袁崇焕的斗志，孙承宗写了一首诗给袁崇焕《宁远闻袁自如宪副至中右》：

与尔承边再阅年，东西烽火尚依然。
马头东下鞭须着，生口西来数未还。
翡翠何时方入贡，旃裘何地可鸣弦。
知君定发黄公略，自昔王师贵万全。

收到伯乐的诗，袁崇焕很感激。当时，恰好有亲友从蓟辽前线离去，也为表达报答孙承宗的知遇之恩，他也写了一首诗《边中送别》：

五载离家别路悠，送君寒浸宝刀头。
欲知肺腑同生死，何用安危问去留。
杖策只因图雪耻，横戈原不为封侯。

故园亲侣如相问，愧我边尘尚未收。

天启五年（1625）夏天，孙承宗命令各部队占领锦州、松山（崇祯年间，明军和清军在松山打了一仗，明军损失过半）、杏山以及大小凌河一带诸战略要地，修缮城郭，准备固守，练兵屯粮。

对此，金兵没有采取任何强烈的动作。如此一来，明军在辽东的局势又有了极大的好转。明军不但收复了天启初年丢失的土地，还向前推进了200里，原本作为山海关屏障的宁远城，此时反倒成了大后方。

短短三年时间，袁崇焕保卫关外以守关内的正确主张获得了巨大胜利，不但收复失地400里，修复城堡数十座，练兵11万人，立车营12个、水营5个、火营2个、前锋后劲营8个，造甲胄、器械数百万，造船1500艘、战车6万，裁减淘汰老弱兵校7000余人，省经费68万，建立了东营、水营。造甲胄、器械、弓矢、炮石等用具数十万，开屯田5000顷，岁入15万。

人逢喜事精神爽，对于这巨大的成功，袁崇焕心情非常舒畅，他写下了《边雨》：

风斜雨急阵云平，想为军中洗甲兵。
万帐关心衣暗湿，一时昂首马齐鸣。
防人薄我晨传箭，避水移山夜拔营。
颇幸屯田今岁熟，先期十日已收成。

在这段时间里，后金慑于明军的坚固城防和忙于巩固后方，采取了按兵不动的策略，明金双方形成了对峙局面。

这种局面对后金来说是不利的。随着时间的推移，如果明军步步为营，构筑坚固的防线，不断逼近后金，那么后金的生存空间会被挤压，最后会出现这样的情况：因为遭到战略压制和经济封锁，后金要么投降，要么被饿死。

后金上下也看到了这点，他们躁动不安起来。不过，也许是上天的眷顾，他们的这种不安很快因为明朝内部出现问题而烟消云散。

第七章

喋血宁远：一个人的战争

1. 魏忠贤，有危害无忠贤之心

正当前方将士众志成城，积蓄力量，准备反击后金之际，千里之外的北京城内却大乱不已。

魏忠贤，是担任司礼监的秉笔太监，掌握了在内阁代皇帝草拟的诏旨上用朱笔加批的大权，实际上是代替皇帝处理政事，从而裁决朝政。老话说，宰相门前七品官，作为皇帝的执笔太监，权力就更不容小觑。

如果说，皇帝勤于国政，那么一个太监自然就掀不起多大的浪，问题就在于明熹宗不喜欢当官，尤其不喜欢当大明帝国的皇帝。他的人生理想是做个优秀的建筑师。所以，他的人生离不开木匠活，他宁可天天引绳削墨做木匠，也不愿意过问政事。

如此一来，阉党和东林党之间的斗争就变得白热化。而前面我们说过，东林党很多人是君子，行的是君子之道，做事也相对光明磊落。但是阉党可不管这些，小人从来不讲规矩，只要能赢，什么手段都使得出来。这也是数千年来，孤军奋战的君子基本上斗不过小人的根本原因。最终，阉党在宵小之徒的支持下，对东林党发动了连番攻击。

面对阉党的胡作非为，朝廷官员表现出不一样的态度。有的愤而辞职，比如孙传庭。此人是明末难得的将才，他跟袁崇焕一样，为大明帝国流尽最后一滴血。他也是万历四十七年的进士，名次紧挨着袁崇焕（三甲第四十一名），曾任河南永城知县。天启初年，孙传庭入京任职，担任吏部验封主事，后升至稽勋郎中。在阉党如日中天的时候，他因为不满魏忠贤专政，直接辞职回家。

冯从吾

有的拒不配合被革职，比如叶宪祖。他与袁崇焕同科进士，被派到广东新会当知县，因平海盗有功，升大理寺评事，转工部主事。但因为建魏忠贤生祠时，他不肯督工被革职，随后回家讲学，从事剧本写作，有所成就，是明代著名的剧作家。

有的官员在阉党的迫害之下，选择引退，比如冯从吾等。冯从吾，陕西人。他是万历十七年（1589）进士，与袁可立（此人是辽东“武三袁”之一）、高攀龙同科，官至工部尚书，创办关中书院，人称“关西夫子”。他是明代关学把程朱理学和陆王心学融合的集大成者，是东林党在西北的领袖。他为人清正，不趋炎附势，阉党得势时，他担任工部尚书，但不与阉党同流合污，在阉党的迫害下引退。不过，魏忠贤并没有放过他，其党羽捣毁了冯从吾呕心沥血经营的书院，冯从吾悲愤成疾，愤然离世。

有的官员不依附阉党，继续当官，造福一方，比如施邦曜。施邦曜是浙江余姚人，也是袁崇焕的同科进士。此人颇有个性，别人读书是为了当官，他读书是为了教书。中了进士后，朝廷要授官给他，他却选择顺天府学教授。后来，他历任国子博士、工部主事，晋工部员外郎。阉党祸乱朝纲时，他选择拒绝与之来往，保护自己的羽毛。魏忠贤屡屡刁难他，但是他就是不辞职，最后阉党直接将他外调到福建任漳州知府。在这里，他集中精力打击海盗，其清正廉洁让人佩服不已。

还有的官员，没有明着跟阉党对着干，但发出声音，威慑阉党，比如文震孟。此人是1622年的进士，他疾恶如仇，给皇帝打了份报告，说现在时局不好，全都因为有些人祸乱朝纲，将良臣名将逼走，有些人结党营私，迫害忠臣，等等，虽然没有指名道姓，但是矛头直指阉党。可惜，奏折没有到皇帝手里，而是落到了魏忠贤的手里，文震孟上告不成，反而挨了板子。

有的潜伏起来，等待时机清理阉党，比如颜继祖。此人是福建漳州人，与袁崇焕是同科进士，历任工科给事中、吏科都给事中、右佥都御使、太常寺少卿等职。在阉党权势滔天时，他选择了潜伏。崇祯元年（1628），朝廷清理阉党，颜继祖揭发魏忠贤“十孩儿”之一的兵科给事中李鲁生、兵科给事中霍维华、袁弘勋、锦衣张道浚等人。但不幸的是，后来因为崇祯的严苛，他被戮于市。

当然，更多的是趋炎附势，比如曹钦程、薛国观。曹钦程与袁崇焕是同科进士，他善于钻营，阿谀奉承，贪赃枉法，道德败坏，无恶不作。魏忠贤得势时，他拼命谄媚，甘为走狗，是“十狗”之一。而薛国观不学无术，擅于钻营，“素仇东林”，深得温体仁的赏识。他投靠阉党，弹劾江都御史熊明遇、兵部侍郎萧近高、刑部尚书乔允升。阉党被清洗，他又浑水摸鱼，最后在温体仁的关照下，得到崇祯皇帝的重用。各地巡抚、巡按因为想要保住官位，不敢得罪魏忠贤，而那些想依靠魏忠贤谋取官位和好处的官员，则纷纷给魏忠贤建立生祠，并且“曲意献媚，务穷工作之巧”，少者花费白银几万，多者几十万。还有更夸张的，顺天巡抚刘诏谒祠时，见魏忠贤像，甚至行五拜三叩首礼。按照当时官场的话来说，阉党是“义子满朝廷，生祠遍天下”。

阉党极大地破坏政治生态，使明朝官场更加腐败，但是，有志之士仍不畏强权，不惜一死，指控魏忠贤。御史周宗建站出来指控魏忠贤，但被贬斥；天启四年（1624）9月左副都御史杨涟列举了魏忠贤二十四大罪，左光斗等东林志士纷纷响应，朝廷官场掀起了反魏忠贤的斗争，但是魏忠贤凭借手中的权力，大兴党羽，不但排挤叶向高、韩爌等，还编造了黑名单，将东林党人列入黑名单，一一陷害、屠杀。

杨涟、左光斗、袁化中、魏大臣、黄尊素等均遭到了毒手。他们的罪名是贪污罪。阉党命令狱卒暗中将这些人活活打死。其中，杨涟死得最惨，他被人用土袋压身，铁钉贯耳。

消息一经传出，数万人为他们鸣不平，要求伸张正义。但是，阉党才懒得管民意怎么样，甚至根本不管大明帝国稳定边疆的大事，否则他们怎么敢动手杀了有勇有谋、扭转辽东局面，甚至可能改变历史走向的熊廷弼？

熊廷弼在朝廷两进两出都没能碰上好运气。后来这一次他因为王化贞这样的混蛋倒了大霉。入狱后，东林党没有全力保他，而阉党则视他为眼中钉，于是在冯铨的举证下，熊廷弼的生命被人刻意终止。

冯铨是谁，他和熊廷弼有何冤仇？其实，民间早就流传着《辽东传》，其中写有熊廷弼如何镇守辽东。当中有冯布政父子奔逃的故事，即冯铨的父亲当年在辽东做布政使的时候，后金兵没到，冯铨和他父亲就落荒而逃。对此，冯铨记恨在心。

见熊廷弼被牵连，冯铨就去找魏忠贤。魏忠贤正愁没有足够的黑料弄死熊廷弼，看完《辽东传》后便欣然入宫，对皇帝说，这是熊廷弼自己写的，将自己吹嘘得神勇无比，还骂朝廷无能……

天启皇帝愤怒，下旨斩首，传首九边。熊廷弼因辽东而立下赫赫功劳，但也因为辽东而身首异处。真是成也辽东，败也辽东。熊廷弼死后，有志之士极为惋惜，江苏太仓有两个文人因为同情熊廷弼，做了两首哀悼诗，结果被扣上诽谤罪处死。

党争如果局限在内地，那也还好，可惜杀了熊廷弼之后，阉党罪恶之黑手又伸到远离京城的山海关。

2. 迫害到了边关

经过一番血洗，朝廷中阉党权势滔天。阉党胡作非为，排斥异己，鱼肉百姓，搞得官场臭气熏天，百姓怨声载道。更为要命的是，这种政治斗争波及了极为重要的辽东前线。

孙承宗，东林党的干将之一，不管是在朝堂之上，还是在民间，他的影响力都不容小觑。魏忠贤刚开始对孙承宗极力笼络，派太监刘应坤等人三番五次前去拉拢，但是，真正的文人，清高、洁身自好，怎么可能与阉党沆瀣一气，眉来眼去，为虎作伥？所以，孙承宗压根不给对方面子，甚至连门都不让进。

如此一来，魏忠贤恼羞成怒，他一方面抓紧时间排挤东林党人，一方面则开始捏造孙承宗的黑材料。不久，东林党知名人士赵南星和高攀龙被排挤出去，孙承宗准备发动反击。原先，他准备写奏折递交给皇帝，但是他思来想去，阉党欺上压下，奏折未必能够到达明熹宗手里，所以他决定前去面圣，当面陈说、据理力争，但是阉党魏忠贤、顾秉谦等人却阻止他入朝。

救人没成功，反倒给自己惹来了麻烦。阉党分子崔呈秀等密集上报黑材料，攻击孙承宗。

袁崇焕像

就在双方角力的时候，东林党这边又出了点事情。这年9月，马世龙[①]因为听信传闻，派他的前哨将领鲁之甲、李承先袭击后金的耀州，结果中了金兵的奸计，在柳河遭到掩杀，官兵阵亡400多人。这就是史书上所说的柳河之变。消息一到京城，阉党弹冠相庆，立即上疏弹劾孙承宗和马世龙。

只顾党争，无视国家利益，致使原本摇摇欲坠的政局更加动荡不安。真是亲者痛，仇者快。孙承宗心灰意冷，决定离开这个是非之地。于是，再次上疏坚决请求辞职。这年十月，被阉党操纵的朝廷兴高采烈，准许孙承宗辞职。

眼看着东林党战友纷纷倒下或是离去，袁崇焕悲痛万分，也感觉孤立无

① 明末将领，宁夏卫（今宁夏银川）人，由世职武举中试，历任宣府（今河北宣化）游击，永平（今河北卢龙）副总兵，署任都督佥事、三屯营（今河北迁西西北）总兵官。当时大学士、兵部尚书孙承宗出镇辽东，推荐马世龙随行，担任山海（今河北山海关）总兵，协助自己镇守辽东，因功而加右都督衔。

援。他在《闻叶台山相国乞归得请赋此寄之》诗中说：

先生今竟去，世事更堪忧。
举国疑高马，何人问丙牛。
乞身原贵早，屈指似难休。
肯为苍生计，艰难再稍留？

在诗中，袁崇焕以古讽今，表达了自己的内心情感。他痛惜东林党领袖叶向高的离去，将魏忠贤比为祸乱朝纲、指鹿为马的赵高，感叹朝中没有为国为民的贤臣丙吉。他原本也想提出辞职，一走了之，但是一想到“治国平天下”的历史使命，他又迟疑了。是否离去，成了他纠结的一个问题。

想想被害死的熊廷弼、杨涟、左光斗等人，再想想未来，袁崇焕不禁后背发凉。如果立即辞职回家，那么后半辈子还能过上清静的日子。

辽东局势陷入了不明朗的境地，而袁崇焕在辽东的前景也变得扑朔迷离。

3. 来了拆迁高官

孙承宗的离去，使辽东经略的位置空缺出来，阉党立即安排高第前来顶替。高第是什么人呢?

此人生于燕赵之地，万年十七年（1589）进士，年轻时也有补救时弊、治国平天下的信念，先后担任过临颍县令、大同知府、山东按察副使、湖广右参政、陕西右布政使、山西左布政使等官，由于政绩名声不错，晋升很快，天启年间就先后升任兵部右侍郎、兵部左侍郎，后来因为年纪大而退休。

阉党为何任命退了休的高第为辽东经略呢？其实里面大有文章。虽然辽东经略位高权重，但是辽东形势扑朔迷离，生死也只在一瞬间，所以阉党也不敢拿自己人开玩笑。于是就找了跟自己政治观点一致的人，他们起用高第（也有人说高第是阉党），让他以兵部尚书及辽东经略来坐镇蓟辽。

对于阉党的任命，已经65岁的高第竟然“老当益壮”，佩戴尚方宝剑来到辽东战场。不过，此人的辽东方略和袁崇焕的辽东方略不一样。此人已是垂垂老矣，目光短浅，贪生怕死，没有胆量，他盲目地认为，山海关关外“必不可守”，而只要守住山海关即可。

一个没打过仗、不了解辽东形势的糟老头凭借自己的意气用事开始整顿辽东。在他的错误方针的指导下，将士们辛辛苦苦构筑的锦州、右屯诸城的防御设备全部撤回关内，守城将士也一并调回山海关。

眼看着精心构筑的防线支离破碎，辽东将士着急了。

督屯通判金启倧上书袁崇焕：锦州、右屯、大凌河三城都是前锋要地。如果收兵撤退，那么好不容易安定下来的民众会再度搬迁逃难，已收复的失地一定会再度沦陷，关内外还能经得起几次退守啊！

袁崇焕更是心急如焚，他找高第据理力争。他说："城外三城按照兵法上所说的有进无退来构筑，锦州、右屯、大凌河是前锋要冲，位置非常重要，如今三城已经构筑完毕，千万不能撤掉。如果锦州、右屯出点问题，那么宁远、前屯必然大受影响，山海关的屏障也就没了。如今最好的办法就是，选择良臣名将，加强守备，可派左辅守大凌河，樊应龙等守右屯，再调一将军守锦州。三城相互支援，进可攻，退可守。如此，不但宁锦防线固若金汤，而且可以伺机收复失地。"

袁崇焕说得有理有据，他从兵法上讲明三城的战略作用，从任命将领来说明防守三城的可行性，但是任凭他说破嘴皮子，高第就是充耳不闻，自以为是。高第不但要把三城守城将士都撤回，而且要将宁远、前屯卫的守备也全部

大炮

撤回。

对于高第在错误的道路上越走越远的行为，袁崇焕再度拿出了自己的刚正脾气，他对高第说："我是宁前道这里的主官，作为大明帝国的一名官员，我要守护每一寸土地，我要与此地共存亡。我坚决不走。"

袁崇焕的脾气，高第早有耳闻。高第也深知，袁崇焕放弃安稳的肥差，反而舍命来辽东，蹚这趟浑水，绝对不是为了权位。为了抗金大计，袁崇焕呕心沥血，积极进取，才有关外的稳定局势。这是袁崇焕的全部心血。但是，道不同不相为谋，高第心里想，也罢，一下子裁撤那么多，也过意不去，既然你袁崇焕愿意死守宁前，那就驻守，看你没有支援能撑到什么时候。

于是，除了宁前，其他地方，诸如锦州、右屯、大小凌河、松山、杏山诸城则全部遭了殃，将士一律撤回山海关，白白毁掉朝廷压榨全国穷人而得来的白米和黄粟10多万石。这个消息传出后，辽东官兵震动，撤退之际"死人载道，哭声震野"，民心大乱。

防线被自己人撕裂，袁崇焕非常痛心。他写下了一首诗歌《边风》：

叶落边城遍地秋，十分料峭使人愁。
吹开斗帐搏羊角，送上金鞍扑马头。
太息将军真跋扈，果然少女自风流。
旌旗猎猎飞腾甚，鼓角宵鸣尚未收。

但是，阉党给他制造的麻烦还远不只是撕裂他的防线。魏忠贤之所以没有拿掉袁崇焕，主要是袁崇焕是守边的大将，有勇有谋，而阉党没有可堪大任的人，所以，袁崇焕的位置才得以保住。但是，他们也不想任由袁崇焕自由地守护边关，他们三番五次派遣监司去辽东，分袁崇焕的职权，使袁崇焕"将吏之更置不得知，兵马之虚实不得问"。简单地说，阉党撕裂了他的防线，还在他身边安插间谍。

束手束脚的生活让他内心无比抑郁，他无处可说，无道理可以讲，只好再度写诗表达自己的心情：

风斜雨急阵云平，想为军中洗甲兵。
万帐关心衣暗湿，一时昂首马齐鸣。
防人薄我晨传箭，避水移山夜拔营。
颇幸屯田今岁熟，先期十日已收成。

苦闷与可能瞬间被阉党害死的气愤压得袁崇焕透不过气来，而无法实现抗金大计又让他辗转反侧，无法入眠。能够坚持多久，他自己也不清楚。终于有一天，他忍受不下去了，于是借着父亲去世这个理由，向明熹宗呈上了归家守制的奏折。但是，明熹宗的脸拉得老长，一方面指责袁崇焕连章渎扰朝廷，一边则升任他为按察使，让他安心养病。不过，此时，袁崇焕已办理了移交手续。

回家，是迫不得已，但是让袁崇焕没有想到的是，他这次连家都回不了。

4. 有家不得回

不回家不知道回家的路有多艰难。摆在袁崇焕面前的是，辽东距离老家2000多公里，要回去非得有足够的路费不可。可是，由于袁崇焕为官清廉，没有积蓄，囊中羞涩，要想回家根本没有路费。

所幸，他的同僚见状纷纷慷慨解囊。不过，袁崇焕并没有照单全收，而是根据情况收了些路费。紧接着，袁崇焕就踏上了回家的路。

他已经有些年头没回家了。一想起青山耸翠、流水潺潺的家乡，袁崇焕有一种如释重负的感觉。但他还是放不下辽东。

活着就要斗争。在抵抗无效的情况下，袁崇焕选择拿起笔来反抗：

稚子牵衣问，
归来何太迟?
共谁争岁月，
赢得鬓边丝?

念着杜甫的诗，袁崇焕一路风尘仆仆地往家赶。可是没曾想，才走到丰

督师纪念园

润[1]，他又回不得家了。原来，就在他前脚刚跨出大营，消息已经传到京城阉党那里。阉党立即召集要员开会，商讨应对办法。

按道理，这个时候他们应该开个庆功大会才对，怎么反倒心急火燎起来呢？其实，他们心里非常清楚，排挤袁崇焕确实是他们的目的，但是将袁崇焕彻底挤走，却是他们不愿意看到的，毕竟辽东没有袁崇焕，他们是镇不住后金的。

于是，袁崇焕一走，他们就着急上火。经过一番秘密商量，他们让皇帝下了一道圣旨：不许回家。圣旨一下来，立即六百里加急。终于圣旨和袁崇焕在丰润见面了。接到圣旨，袁崇焕马上明白怎么回事，他连续三次上疏请求回家守孝，不过都没被批准。

① 燕山脚下，还乡河畔，今唐山市丰润区。

老话说，君叫臣死，臣不得不死。袁崇焕只好硬着头皮回到边关任职。但是，回去受窝囊气，他肯定不干。于是，他上了道奏折说明自己坚持离职的原因：首先，他无法和拆台的人一起共事；其次，弃关外不守的辽东方略是错误的，这种闭关而守，无名示弱，他无法接受；再次，处处受限制，每天什么也干不了，当一天和尚撞一天钟混日子的做法他干不下去。最后，他说，如果一定要他留任，他不仅要固守宁前，还要整顿兵马，广开屯种，“以天下复辽东，以辽东还天下”。

此外，针对阉党排除异己，安插阉党，插手边关军务，袁崇焕一针见血地说：“这里是兵戎相见之地，不是封官晋爵之场所！辽阳、广宁皆以官多不和而败……前覆可鉴！”

这道奏疏明摆着是骂阉党祸乱辽东，只搞党争置国家于危险而不顾。这明显是跟阉党对着干。对于阉党残害东林党人，袁崇焕早就见识过其手段。但是，他依旧这样说，很明显他不计个人得失，心中只想救国。可惜，阉党看完奏折后拊掌大笑，升他按察使，让他照旧负责边关军务。

明朝党争内斗的情况，早就在间谍的通报下，传遍后金宫廷。努尔哈赤得知孙承宗被排挤、袁崇焕不得志，新经略高第鼠目寸光后，笑逐颜开，他认为这是个千载难逢的出兵机会。

一场杀戮即将登上历史舞台。只是，努尔哈赤猜到了开头，却没有猜到结尾。

5. 孤军迎敌：失败即毁灭

看完地图，努尔哈赤发现袁崇焕驻守的宁前兵微将寡，势单力薄。由于该地是山海关的屏障且袁崇焕实力弱小，努尔哈赤便决定先攻克宁远，然后乘胜追击进攻山海关。如此一来，进入北京的道路就敞开了。

经过一番准备，天启六年（1626）正月十四日，努尔哈赤集中全国13万的兵力（实际上大约6万人）从沈阳西进。十六日抵达东昌堡，十七日渡过辽河，北路越广宁大路，南路抵海岸，分路进击，杀气腾腾地向宁远进击。其间，右屯卫守将周守廉潜逃，塔山守将左辅没有办法，烧毁粮草撤兵。二十三日，后金大军抵达宁远城下。面对着城外旌旗蔽空，刀枪林立，宁远城一片骚动。跟后金数万部队相比，袁崇焕只有一万多人，且士气低落。

边情紧急的消息传到京城，朝廷上下一片惊慌，虽然官员众多，却拿不出一个办法来，他们的想法是：宁远绝对是守不住的，袁崇焕注定要殉国。朝廷吵闹不休，山海关的气氛也是十分紧张，辽东经略高第和总兵杨麟听到消息后吓得跌下了床，他们故作镇静，集中兵力驻守山海关，然而这只不过是装装样子，丝毫没有派兵去救袁崇焕的意思。

但是，袁崇焕没有时间去害怕，正月十八日，他命令不愿意跟着高第逃跑的左辅、肖升、邓茂林、陈兆兰等率军回宁远。经过几天的积极行动，二十一日当天，城外兵力全部集中到宁远，不过，就算加上广宁的全部守军，兵力也不超过2万。

面对大兵压境，区区2万军队何去何从就成了大问题，士兵们闻后金色变，将领也多数打哆嗦，只有少数几个将官意志坚定。面对敌军围城，总兵满桂、副将左辅、参将祖大寿则因为与后金血战过，知道后金作战战术的优劣，他们面不改色地说道："兵来将挡，水来土掩。后金擅长野战，我军人少且不善于野战，不必出城迎战，而应该死守。"

祖大寿则补充道："后金经常通过间谍配合攻克城池。我军应该将四个城门堵死，切断与外部的联系，以免内奸与敌人内外夹击，同时也让军民断除后路，决一死战。"

祖大寿的提议得到了朱梅、徐敷奏等诸将和宁远王喇嘛的赞同。而中军何可纲则话很少，他通过紧握剑柄来表示与宁远城共存亡的决心。

在命悬一刻之际，这些优秀军人用他们的实际行动践行自己作为军人该担当的责任和义务。不过，虽然他们做好了牺牲的准备，但是作战还是要讲求战术和排兵布阵。更何况，血战还是撤退，还得看宁远主官袁崇焕。

世上没有绝望的处境，只有对处境绝望的人。袁崇焕是这么想也是这么做的。想要获得上天的庇护，就必须先自救。袁崇焕此时，除了备战和血战，别无他法。由于后金人多势众，行进速度很快，正月二十三日，努尔哈赤就率部绕过宁远城5里，在宁远城通往山海关的要道上大张旗鼓地安营扎寨，断了明军的退路。

很明显，努尔哈赤信心十足。切断明军退路后，他派被俘的汉人给袁崇焕送来劝降信："这一次，我带了30万人来攻打宁远，这座小城是守不住的。如果你们来投降，我还可以给你一官半职做做。"与此同时，努尔哈赤将沿途抓获的百姓放出来，要求他们到城下请求明军放他们入城。

努尔哈赤以为所有明朝人都是贪生怕死之辈，但是他错了。袁崇焕舍了命来辽东就是要收拾他的。就算现在城池被围，他也要与城池共存亡。于是，他这样回答对方："所谓师出要有名，你为何兵临城下？宁远、锦州是你放弃不要的地方，既然我们收复了该地，那么我们必须死守，哪有什么投降的道理。"随后，他话锋一转说道："你们所谓的三十万大军那都是吹牛吹的，谁不知道，你们只有十二三万人罢了，再说了，我们也不比你们少。"

袁崇焕话里话外的意思是：扯别的没有用，想要宁远就来试试。

失败即毁灭，袁崇焕很清楚。在人数和人心方面，袁崇焕是不占优势的，这对他守城是极为不利的。不过，方法总比问题多。人数方面，袁崇焕是无能为力的，但是人心方面有很大的空间可以施展。

作战也讲求天时、地利、人和。很明显，天时，对守城有利，大冬天行军打仗较为辛苦，守城方有一定的优势；地利方面，守城方占据城池，熟悉该地作战环境，对守城来说也是一大好处；人和方面，由于后金断了明军的退路，无形之中明军只能拼死一战。

当然，袁崇焕也深知这点，所以，他在这方面做足了功夫。首先，他召集总兵满桂，副将左辅、朱梅，参将祖大寿，守备何可刚，通判金启倧等率领将士，誓死守城。为了激励士气，他自刺血写书：

赵率教像

满奴来犯在即，宁远顷刻可毁。愿与宁远共存者，当受崇焕九拜。

他对将士下拜，还拿起一把草，放在嘴里咀嚼，并且吞咽下去，对众人说："如能同心死守，我愿意来生变作牛羊，报答大家。"堂堂七尺男儿，高高在上的将领竟然跪拜官兵而且吃草，这让官兵们看到了始终如一的袁崇焕，于是他们高喊：保卫宁远，绝不后退。这也就是史书上写的"刺血为书，激以忠义，为之下拜，将士咸请效死"。此外，为了让官兵们安心，袁崇焕将自己的妻儿和母亲留在宁远城。

鼓舞了人心，激励了士气，紧接着，袁崇焕按照事先的作战计划做出了部署：

总兵满桂守东面，负责东南方向的要冲；副总兵左辅守西面，参将祖大寿守南面，副总兵朱梅守北面，分区划守，相互支援，满桂负责提督全城；袁崇焕还让将士们将城西的囤粮运往觉华岛，在城墙上架设从葡萄牙买来的红夷大炮11门；全城戒备，严阵以待。

其实，得知后金行军动向后，袁崇焕就已经做了战前准备工作。第一，坚壁清野。他让城外的守军全部撤退进城，走之前将城外的房屋和柴草一律烧毁，和老百姓带着守城工具进城。第二，赏罚分明。将城中全部库存白银集中到城墙上，并贴出告示：有能打退敌兵，不避艰险的，立即赏银一锭；临阵退缩者，执行战场纪律，当场斩杀于军前。他还通知前屯守将赵率教及山海关守将杨麒，不准放过一个逃兵入关，如有逃兵逃回，力斩军前。第三，身先士卒。他亲自椎牛、杀马慰劳将士。 第四，察捕奸细。命令程维楧全权负责缉捕间谍工作，实行全城军管，派兵沿街巡逻全城，对随意走动和擅自下城的人即行正法，不放过一个可疑之人。袁崇焕还派遣将士分守各个街道口，清查行人。第五，做好后勤。袁崇焕让通判金启倧按照四个城门来编派民夫，供给将士饮食，卫官裴国珍负责运输物料、矢石、火药等。第六，将红夷大炮摆上城楼。

常胜将军从来不打无准备之仗！袁崇焕也是如此，做好准备之后，剩下的便只有：誓与城池共存亡。

6. 没有胜算的残酷较量

经过一番准备，民心、军心大定。当时，朝鲜使者来辽东，袁崇焕邀请他和自己一起上城楼，两人谈古论今。大战在即，袁崇焕竟然泰山崩于前而面不改色，朝鲜使者深为佩服。

努尔哈赤在城北5里处安营扎寨，并派出部队绕过宁远城在宁远城南5里处布阵，切断宁远通往山海关的大路。二十四日夜里，随着一声炮响，一阵撞击声，后金开始攻城了。后金精锐以战车直逼城西南角，也就是祖大寿和左辅负责的防区。

这种战车由槐、榆二木做成，形状如轿面，上面覆盖生牛皮，里面藏着勇士。攻城时战车紧靠城墙，上面可以抵挡敌人的攻击，官兵躲在里面奋力凿城。

而其他后金兵射箭的射箭，爬梯的爬梯，战场上弓箭如雨如蝗，后金的猛烈攻击受到了明军更加猛烈的反击，明军从城上掷滚石、火罐，发西洋大炮，后金兵的凌厉攻势被粉碎。

初战不利，努尔哈赤并不撤退，他又派出精锐部队，披着双重铠甲，推着铁裹车撞城，进攻南门，并在两城楼明军火力薄弱处凿城。这种攻城利器非常厉害，每次撞击城墙，都会发出巨大的响声，使城垣受到破坏。与此同时，后金推着像云梯一样比城还高的车子向城垣猛冲。

在攻城车的掩护下，金兵抵达城墙下并开始挖洞。很显然，金兵想要挖塌城墙。不过，明军也没放过任何射杀金兵的机会，矢石像雨点一样地往金兵身上招呼，杀死不少金兵。不过，金兵躲在凹陷的城基处，继续挖。由于是死角，弓箭伤不到他们。

金兵攻势猛烈，城池有三四处缺口，缺口宽两丈余，金兵冒死登城。在这万分紧急时刻，袁崇焕站在士兵的前面搬运石头堵塞缺口。在这期间，他受了两处伤，将士们让他下火线，但是他厉声说道："你们别小看宁远城，它是我们国家生死存亡的关键。一旦宁远失守，国家不保。未来几年，我们的父母兄弟都会成为金人的奴隶。到那个时候苟且偷生，有何乐趣呢！"

说完，袁崇焕撕开自己的战袍，包扎好伤口，然后继续搬运石头。主将都把话说到这个份上，并且死守一线战场，那么官兵们还有什么可说的呢！将士们纷纷用身体做盾，掩护搬运石头的官兵和袁崇焕运石头堵缺口。经过一番生与死的较量，缺口被堵上了。

其他各处，情况也非常紧急，但是听说袁崇焕受伤不下火线，他们也拼死作战。听说后金挖墙基，通判金启倧赶上城来，献出了"万人敌"。他将火药洒在芦花褥子上面，然后扔到城下，再将火箭和硝磺等引火物扔下去，万人敌马上着火燃烧，烧死无数后金兵。为了消灭躲在墙穴中的后金兵，金启倧又献出一计，将火药放在空心的大坭团里，外面围着木柜，点燃药引子后，用铁锁吊到墙穴口前，坭团不断喷火，浓烟烈焰落入墙穴，烧死不少后金兵。

但是，不幸的是，这位战场上的"救火员"在战斗中牺牲了。当时，由于战况激烈，大炮温度急剧升高造成爆炸，金启倧不幸殉国。

城上的明军和城下的金兵还在继续残酷地较量。金兵万箭齐射，明军则以怒吼的火炮回应，金兵爬城墙，明军就用柴草、棉花、庄稼秸秆浇上油脂，点燃向城下金兵投去，瞬间金兵被烧死无数。双方打到二更天，由于攻城器械损坏殆尽，后金鸣金收兵，愤愤而去。第一回合，明军获胜。

暂时的获胜并不能说明宁远城已经安全无虞，它只能证明，后金下一波的攻势会更加凌厉，宁远城的形势会更加危急，但是宁远的将士们早已用生命构筑长城，严阵以待。

打仗打的是资源，袁崇焕只有一座孤城，战争资源极为匮乏。经过血战，明军火药、弓箭等损耗较大，而且无法得到有效的补给。为此，袁崇焕必须想办法解决。正所谓，没有枪没有炮，敌人给我们造，武器都在敌人那里。后金一撤退，袁崇焕立刻挑选50名精锐，用绳子将他们放到城下去捡弓箭等武器，同时用棉花、火药等将后金留在城下的战车烧毁。

第二天，后金又发动进攻，这天的攻势比前一次还要猛烈。不过，这次明军吸取了教训，袁崇焕未等后金靠近城池就让罗立集中红夷大炮轰炸敌军，结果炮响人倒，死伤一片。这一天，双方打到了傍晚，由于伤亡惨重，后金愤怒地鸣金收兵。

努尔哈赤觉得颜面尽失，他决定再度发动进攻。但是，后金兵是来抢劫的，不是来送命的。冲锋了两次，都被明军残酷地血洗。钱粮没抢到，命却丢掉不少。以前打仗靠假冲锋，喊喊口号就行，现在真刀真枪地干，死伤无数，他们开始消极起来，甚至不愿意攻城。

努尔哈赤勃然大怒，但是将士们还是不愿意当炮灰。努尔哈赤无奈之下，只好让人将战死的后金兵抬回来，集中火化。后金士气虽然有所恢复，但是依旧啃不下区区不到2万人驻防的宁远城。后金军血战了3天，明军则死守了3天。最后，后金军因为伤亡惨重，撤兵至城西南5里处扎营。

二十六日，后金从兴水、白塔峪、灰山等地撤退，在距离宁远城30里外驻扎。袁崇焕得知消息后，马上派出一名特使，备了些礼物，前去见努尔哈赤。使者见到努尔哈赤后转达了袁崇焕交代的话：你老将称霸辽东已经很长时间了，可今日败在我袁崇焕的手里，只怕是天意吧！努尔哈赤极为羞愧，但是他还是比较大度，毕竟两军交战，不斩来使，他让人回了些礼物和名马，约期再战。事实上，这是努尔哈赤生前的最后一战。

在这次宁远战役中，努尔哈赤本人身受重伤，后金损兵折将1.7万人。二十六日，后金兵探知觉华岛是宁远城的贮粮之地，立即下令派武纳格等率军攻打觉华岛。

觉华岛原本在海上，距离海岸18里。这里是袁崇焕和孙承宗极为看重的军事要地。后金海战能力几乎为零，但是冬天天寒地冻，海水也结冰，便于后金行动。驻守觉华岛的将士们自知野战能力不如后金，便利用地利，掘开冰块，阻止敌军上岸。可是，由于时间紧迫，明军未能将觉华岛四周的挖冰作业全部做完，以至于后金从没有凿冰的地方上岸，发动进攻，明军拼死抵抗，但最终后金还是占领岛上的东山、西山，大肆屠戮和劫掠后离开。二月初九，努尔哈赤回到了沈阳。

努尔哈赤因为碰到了对手而耿耿于怀，可惜他没能想明白他以前之所以屡战屡胜是因为他对付的其实都是庸才。就这样，他郁郁寡欢。《满洲实录》“我（努尔哈赤）自二十五岁征伐以来，战无不胜，攻无不克，唯宁远一城不下，遂不怿而归。”

努尔哈赤的失败有这么几个原因：第一，他的进攻是掠夺性的。强盗到哪都难以得到民心，没有民心很难成功，即便成功也难持久。第二，努尔哈赤倚老卖老，依靠经验主义，他没看到明军的变化。努尔哈赤纵横辽东数十年，无一敌手，这是因为他所面对的都是庸才或者是被牵制的将领，而此次他碰到的是懂打仗且有决心守城的袁崇焕，可他依旧按照以往的战术打仗，犯了兵家大忌，容易失败。第三，后金骄兵必败。后金兵攻克广宁后已经有3年时间，由于老打胜仗，将领目中无人，士兵懒散懈怠，结果便印证了平时少流汗，战时多流血的真理。

后金撤兵，袁崇焕打赢了宁远战役。对于这场战役，清朝官修的《明史》

说：“我大清举兵，所向无不摧破，诸将同敌议战守，自袁崇焕始。”清朝人魏源著《圣武记》也说：“崇焕以关外孤城，抵敌十倍之众，卒能以少胜多，以弱胜强。”

很明显，后金承认了作战失败。当然，通过这次战役，后金也非常清楚地看到，明朝内部虽然分崩离析，问题扎堆，但是后金依旧没有能力与之相抗衡，否则，区区折损一点人马，打了一次败仗，如何会提起议和?

历史是任人打扮的小姑娘，它往往是任由最后的胜利者去书写，历史真相被掩盖也不足为奇。后金因为被压迫而跟大明帝国打仗，初衷并不是要取而代之，甚至在很长一段时间内都不是要入主中原，而只是想要掠夺以生存下去。

7. 创造了久违的胜利

就中华上下五千年的历史而言，宁远战役不过是一场小小的战役，不管是从规模还是战略战术上看，都远远达不到大书特书的地步。但是它名垂青史是有原因的。宁远战役的胜利具有多方面的作用。

首先，打击了后金的嚣张气焰，在此战中，后金被击毙的牛录（中层首领，带兵300人）有50多人，更为重要的是，一炮打伤敌军主帅，迫使后金进入王权争斗的阶段，中断了后金对明朝的凌厉攻势。

其次，胜利给明朝的民心军心带来了巨大的影响，这种久违的胜利让民众和将士看到了胜利的希望，袁崇焕是他们赢得胜利、改善生活的最后希望。

再次，蒙古察哈尔、喀尔喀各部和朝鲜暂时不再虚与委蛇，而是站到明朝这边反抗后金，再度对后金形成战略压制的局面。

最后，明朝官员和军民，尤其是军人都知道了袁崇焕是一个能够手持利剑和他们并肩战斗的将军，这些军人开始对他产生信任。从此以后，对将士们来说，袁崇焕是一个传奇人物。宁远之战标志着充满血性的辽东大军的诞生。

其中，宁远战役对朝廷的影响是颠覆性的。战役开始后，悲观气氛弥漫整个朝廷，上至皇帝下至小吏，一个个愁眉苦脸，兵部尚书王永光[1]召集大臣们来商讨，怎么解决辽东问题，怎么战怎么守，但是商量半天，商量不出个所以然来。

经略高第和总兵官杨麒坐拥大军于山海关，却作壁上观。就算皇帝几次下令出兵援救宁远，他们也是宁可后来蹲监狱，也不愿意冒险出兵被斩杀于阵前。他们给出的理由是，后金有20万人，我们在山海关只有5.8万人，没法救援。

得知消息后，朝廷上下更是惶恐不安，他们一边认定袁崇焕必死，一边在想谁会成为辽东战局的替罪羊。可是，战役结束后第十天，战报送到帝都。

得知宁远战役明军大胜后，满朝文武额手相庆。袁崇焕做了一件所有人都认为不可能实现的事情。袁崇焕的表现远远超出朝廷上下的想象与预料，他们认为脸上有光，必须重赏，而阉党更是为自己强留袁崇焕而侥幸，否则宁远兵败，阉党也会遭到东林党的责问。

袁崇焕的功劳刚好满足了朝廷诸多党派的心愿，于是他得到朝廷上下很多好评。当时的兵部尚书王永光就大赞袁崇焕："努尔哈赤造反以来，我辽东守军望风而逃，八年来，这是我军第一次取胜，这回后金该知道大明帝国还是有能人的。这完全是袁崇焕努力的结果。要不然，为什么其他城池有内奸和叛民，而宁远城却没有呢！"

当年三月初七，袁崇焕获得了晋升，兼任右佥都御史，并获得了赏赐，其他守城将士如满桂等也都获得了赏赐，而认为关外必不可守、屡屡拆台的无知老书生高第和贪生怕死的杨麒因为不发兵救宁远而被撤职了。

高第一走，辽东经略又空出来了。对于这个职位，阉党垂涎已久，恨不得

---

① 为官廉洁、勤政、忠厚正直、敢于直谏，深得皇上重用，每有事相商，不叫其名，呼官称"王尚书"，恩赐世袭少保，后因年迈归隐。

永久占有，但是阉党非常清楚，辽东这个烫手山芋，搞不好会砸死阉党。因此，在任用人员上，阉党的选择标准是：必须跟袁崇焕对着干的；必须跟阉党走得比较近。

经过筛选，他们看中了王之臣。王之臣，陕西潼关卫人，万历二十三年进士；天启五年，担任蓟辽总督，宁远之战后，升任辽东经略，与袁崇焕共事，一起经营辽东。此人跟高第有相似的地方，都主张弃守关外。唯一不同的是，此人懂军事、识人才，在辽东战场上也给袁崇焕带来些帮助。

杨麒被革职之后，总兵官的位置也空了出来，朝廷任命赵率教接任。

阉党非常清楚这样的人事安排会引发袁崇焕的反弹，于是他们在这年三月重新设立了辽东巡抚署，任命袁崇焕为辽东巡抚，并派出太监刘应坤、纪用等人出镇辽东，毫无疑问，这两人的主要任务是“看”着袁崇焕。

经过一番人事安排之后，辽东人事班子又有了表面上的齐整。但对袁崇焕来说，形势更加严峻。他刚送走一位无知、贪生怕死的上级，又来一个与自己意见相左的上级以及阉党眼线。

逆来顺受不是袁崇焕的风格。他上疏抗议，对阉党这种为了党争安插心腹的行为提出抗议，但是抗议无效，阉党只是对王之臣和袁崇焕的权限做了调整，并加任袁崇焕为兵部右侍郎衔，子孙世袭锦衣千户。

对袁崇焕来说，相比于阉党的眼线，来自王之臣的压力更大，因为，袁崇焕和王之臣不和，两人的分歧很多。比如，袁崇焕因为个人原因对满桂不满，要将满桂调走，但是王之臣认为“满桂是唯一一个对辽东战场极为熟悉、主张野战却未曾失利的战将”，必须留在前线；比如，袁崇焕做事情喜欢先斩后奏，有一次未和王之臣商量就调动将领，因为这件事情，王之臣非常不高兴。

为了协调两人的关系，阉党做了调整，命令王之臣专守关内，而袁崇焕负责关外军务。但是，两人依旧不和。对于这种进不可退不得的境地，袁崇焕忧虑重重，他认为抗金大计难以完成。

人的本性是趋利避害的，但是英雄人物往往是迎难而上，苟利国家生死以，岂因祸福避趋之。袁崇焕的处境很糟糕，但是他没有迫于阉党的势力与他们狼狈为奸，也没有自甘堕落当起甩手掌柜，相反，他在不利的局势下积极进取。

在《陈辽事治标治本之法疏》中，他陈述了两个方面的内容。第一，他再度将自己的辽东方略阐述了一遍，主要就是三点：用辽人宁辽土；且守且战，且筑且屯；坚壁清野以为本，乘间击暇以为用。第二，他希望朝廷能够信任他，用实际行动支持他，让他能够按照辽东方略经营辽东，以期收复辽东，消灭后金。

奏疏上去了，朝廷敷衍性地批了“优旨褒答”，但是这只是表面上的。就算袁崇焕投靠阉党，阉党也不会百分百信任他，更何况袁崇焕是他们的眼中钉、肉中刺呢？过去的日子充满危险，未来也保不准会是怎么样，袁崇焕唯一能做的就是继续守护边疆。所幸的是，在袁崇焕的困难时期，后金也进入了困难时期。

第八章

宁锦长城：『马其诺』防线

1. 劲敌坐上了宝座

回想着袁崇焕在极短的时间内造就了一支能够饿着肚子、穿着烂靴子勇往直前的明军，努尔哈赤恼羞成怒，郁郁寡欢。虽然他曾经到清河温泉去疗养，但是最终在天启六年（1626）八月死于距离沈阳40里处的叆福陵隆恩门鸡堡（今沈阳市于洪区翟家乡大挨金堡村），离开了这个充满权力斗争、充满是非的世界。

褚英像

从依附大明帝国，到起兵统一女真，最后反抗大明，短短数十年的光景，努尔哈赤便书写了一个个惊心动魄、叱咤风云的故事。然而，不管其生前多么辉煌，摆在后金面前的问题依然是：谁将成为继承者。

努尔哈赤一死，至高无上的汗位空出来了。自古以来，汗位、王权之争就没断过。

事实上，努尔哈赤称汗之后，嗣位之争就已激化。宁远之战后，随着努尔哈赤受伤病重，嗣位之争更加激烈。原本就明争暗斗的各个王子，此时斗得更加白热化。原本，努尔哈赤指定褚英为继承人。

这也遵循了传统的嫡长子继承制。但是，嫡长子继承制自从商周建立以来，除了商周时代较为稳定地推行外，其他朝代则难以推行，从秦朝到清朝这两千多年的时间里，只有五分之二的皇帝是靠嫡长子继承制继承皇位的。其中，清朝一代，没有一个皇帝是依靠嫡长子继承制登上皇位的。

爱新觉罗·褚英，努尔哈赤长子。正所谓虎父无犬子，他作战勇猛，深得努尔哈赤信任，1613年被立为汗位继承人，后在辽阳大战时因贪杯贻误战机，被解除兵权。由于他与努尔哈赤开国五功臣额亦都、费英东、何和礼、安费扬古和扈尔汉不和，被废太子之位并被软禁。由于他口无遮拦，有报复之词，最终被处死。

太子之位空出，诸皇子争得不可开交。二皇子代善安于现状，目光短浅还怕老婆，不受努尔哈赤喜欢，其他王子则踊跃夺位。努尔哈赤犹豫不决，询问弟弟阿敦，后者力荐皇太极。

不过，努尔哈赤依旧没有公开指定继承人。1621年，努尔哈赤召开八家会议，代善、阿敏、莽古尔泰、皇太极、多铎、岳托都参加，史称“八家议政”。自此之后，努尔哈赤始终没有再提及嗣位问题。

所以，清史记载较为矛盾“未尝定建储、继立之议”，但清史又称他“为国事、子孙，早有明训，临终遂不言及”。这是为什么？其实，努尔哈赤对嫡长子继承制不看好，但是他对立皇太极为继承人又不放心，所以他只好搞了个八家议政，继承人由八家推举。

为什么这么说呢？还得从皇太极说起。

皇太极是努尔哈赤第八子，从小开始随努尔哈赤狩猎和征战，骑射娴熟。

长大后征战无数，战功显赫，1616年被封为四贝勒。八家议政里就有他，努尔哈赤对他"勇力绝伦，颇有战功"颇为赞赏，也对他信任有加，但是努尔哈赤并没有明说，因为他知道，长子继承为太子就是一个前车之鉴，一下子定下太子，那么太子就会预先使用"君权"，使用过度，不利于团结，而皇太极本人心眼较小，度量欠缺。所以，他始终没有明说让谁继承大位。

努尔哈赤一死，八家开始分化争斗，由于代善与其子岳托及萨哈廉站在皇太极这边，这就意味着有强大的军事实力支持皇太极，他们说皇太极"才德冠世，当速继大位"，使得多尔衮等人无力再争。汗位之争尘埃落定。

随着皇太极登上汗位，后金进入了一个新的历史阶段，不仅在政治上做出了调整，还在军事上做出调整。后来，他用17年时间，出兵朝鲜，统一漠南蒙古，迂回袭扰明朝腹地以及进行松锦决战等军事行动，为打败大明帝国入主中原奠定了基础。但是，在当时，这一切还都是未知数，对皇太极来说，怎么处理内部问题以及对付明朝的战略包围才是当务之急。

虽然夺得了皇冠，但是皇太极的皇位并不稳固。内部贵族分化，他虽然是汗王，但是却要与代善、阿敏、莽古尔泰三大贝勒"按月分值"，权力分散，徒有虚名。外部，后金处于蒙古、明朝、朝鲜的战略包围圈中，生存压力极大。

所幸的是，上天帮了后金大忙。这年七月，山海关内外阴雨连绵，落雨成灾，许多城垣刚被修筑起来就被雨水冲倒，兵马受伤无数，囤米被冲走，粮草湿烂，损失很大，尤其是宁远、前屯、中后所等城，刚刚修好，一夜之间就被暴雨摧毁。一句话，关内外很多城防都需要加固。

此外，虽然袁崇焕赢了宁远大战，但是明军军心不整、军备不足等问题，都需要时间去处理，因此，袁崇焕还无力发动反攻。

在双方的处境相差无几的情况下，议和便有了用武之地。对此，不管是皇太极，还是袁崇焕都心知肚明。

2. 袁崇焕“三线作战”

努尔哈赤一死，探子就将信息传回宁远。袁崇焕得知消息后，立即请示政府兵派都司傅有爵、田成和五台山喇嘛镏南木座（即李喇嘛）等率领30多人前去吊唁，以吊丧为名，实则打探后金虚实。

对此，皇太极一眼看破。但是，这种搞了几千年的斗争手段，大家都已经习惯，所以皇太极并没有大怒，反而热情款待，毕竟此时动手，于已不利。

袁崇焕派出使团有这么几个目的：首先，确认努尔哈赤是否真的已经死了。其次，看看继承者是个什么样的人以及后金对明朝的态度如何，以便研究对策。再次，寻找机会离间努尔哈赤的儿子，制造混乱，如果后金内讧最好。最后，表示善意，以争取更多的备战时间。当时，中前所、前屯卫、中后所、宁远等四城虽然连绵200里，但北面是山，南面是海，中间的宽度不过40里。且宁远地区缺乏粮食，全部依靠政府供给，肯定是不可能的。如果向锦州推进，移民屯田，那么倒是有可能解决粮食和饷银问题。可是，要屯田得先修筑城堡。为此，他主张兴筑锦州、中左所、大凌河等城。但是，这一切都需要时间和稳定的环境。所以，他想利用努尔哈赤刚死皇太极根基不稳来和对方谈判，以为掩护。

对于袁崇焕的和谈善意，皇太极自然求之不得。他也制定了战略决策：为了“一意南下攻明”，先剪除朝鲜，解除后顾之忧。所以，他派方吉纳、温塔石和其他七个人随明使团回访，表示愿意“两国和好”，并递上了书信。

但是，看到皇太极将后金和大明帝国并列，袁崇焕顿时火冒三丈，但是他觉得议和大门已开，没有必要关上。最后，他选择了不拆开不回复直接退回来信。这也就是史书上说的“故不遣使，亦无回书”。

皇太极没有得到回信，既恼怒异常也沮丧万分。思来想去之后，他决定面子不如里子重要，于是他又写了封书信让人带给袁崇焕。此后，双方你来我往好几次，一方说有七大恨，一方说你那都是托词；一方说我之所以入侵边关，只为保护自己，一方说，你那都是强盗行为，还要往自己脸上贴金……

其实，针对后金，袁崇焕早已有“守为正著，战为奇著，款为旁著”的战略，即通过议和来备战，积极准备战争。谈判期间，袁崇焕着手修城计划，他和刘应坤等到锦州、大凌河一带察看地形，并派赵率教屯田。明军一路向东，逐步推进，不仅扩大了屯田面积，还收复了高第放弃的土地。

因为这不费一兵一卒的战绩，袁崇焕、刘应坤都得到了皇帝的嘉奖，而魏忠贤也获得了奖励。

奖励对袁崇焕来说，那只是工作附带的，不是他的第一追求。相反，他趁热打铁，趁着朝廷兴高采烈之际递上了一道奏折，阐述自己的抗金大计。他说：“辽东局势败坏，除了人心不稳之外，还在于丧失险要地形，无坚可守。我们的军队如今野战不如后金，短时间内也难以练出擅长野战的部队，为今之计就是采用坚固城池配以大炮来御敌。现在关外已有四城，我们应该再修修松山等城……”

宁远战役证明，“凭坚城、用大炮”对付后金是有效的，袁崇焕对此也充满信心。他向朝廷建议继续步步为营，修筑城池，为将来的反攻做准备。这种以守为攻的城堡战术显示了袁崇焕已经不再满足于固守，而是开始以退为进，适时反攻。

奏折递上去后，皇帝很高兴地批准了。袁崇焕如释重负，他开始按照自己的方略构筑城池。在构筑城防的同时，袁崇焕开始有点飘飘然了，他跟满桂杠上了。

满桂在宁远战役中也是九死一生，战功显赫。不过，满桂也有毛病。他是蒙古人，拥有蒙古人那种强悍、粗鲁的性格，加上是军人，言行举止就更加“粗鲁”。

袁崇焕性格也相差无几。这样两个人天天碰在一起，谁也不让谁，各执己见，最后相互看不上，矛盾越来越多。袁崇焕一气之下，就有调走满桂的打算。说干就干，不管对与不对。袁崇焕给朝廷上了奏折，要求调走满桂：

“满桂此人意气骄矜，谩骂僚属，恐坏封疆大计，乞请移之别镇，以关外事权归赵率教。”

赵率教和满桂也是明军后期不可多得的将领，他和满桂原本关系还不错，但是两人还是因为宁远防卫战而有了分歧。当时，宁远陷入困境，赵率教没有亲自率兵来救援，而只派了一名都司、四名守备领兵前来救援。更为要命的是，援军救援速度太慢。对此，满桂大为不快，不让援军进城。但是，在袁崇焕的命令下，满桂最后还是放援军入城。

论功行赏时，赵率教却要分功，满桂怒不可遏，竟然不顾昔日情谊而大吵起来，吵着吵着满桂耐不住性子，动手要打赵率教。

这一切，袁崇焕都看在眼里。他打心里是喜欢满桂这样的将领，事实上前线也需要满桂这样敢于跟后金野战的将领。但是，满桂脾气太臭且不听将令，让袁崇焕心里不舒服，他有意站在赵率教这边。

其实，赵率教并非始终敢作敢当的将领。早在天启元年，努尔哈赤率军攻打辽阳，赵率教当时是袁应泰的中军，可是他并没有尽力守城，城池沦陷后，他又逃跑，论军法当斩首；但是不知什么原因，赵率教没有受到惩罚。

第二年，王化贞兵败，关外城池沦陷不计其数。此时，赵率教竟然主动请缨，带领38名家丁前往关外，意图收复前屯卫城池。但是，在他到达之前，蒙古人已经占了该城。得知这个消息，赵率教只好停留在中前所。后来，鲁之甲奉孙承宗的命令解救6000个难民，驱赶前屯卫的蒙古人，赵率教才得以进城。

进城后，他建立了军府，人生开始有了转机。也因为这样，袁崇焕才重用他。后来，事实证明，赵率教是个优秀的将领，他最终战死沙场，为国尽忠。

奏折到了北京，大臣们纷纷讨论。大多数人认为满桂打仗有一手，调走可惜，但是将帅不和，危害很大，经过权衡，还是将满桂调离了辽东。王之臣认为，满桂虽然有臭毛病但是能打仗，能打仗是国家最需要的，于是他上疏请求留下满桂。但是朝廷命令已下，没有办法，王之臣再度请求调满桂到山海关，但是袁崇焕不答应。最后，朝廷下令调满桂到京城担任秩佥书中军府事，并清楚划分关内外的职权：王之臣守关内，袁崇焕守关外。

袁崇焕气消之后，也意识到了自己的错误，满心愧疚，于是按照王之臣的建议上疏奏请调用满桂。朝廷自然允诺，任命满桂镇守山海关，兼统关外四路兵马和燕河、建昌诸军，并赐尚方宝剑。

虽然辽东局势稳定了下来，但是袁崇焕并没有就此安于现状，而是继续思考辽东方略，他想到了筑城屯田和“以辽人守辽土”，于是给朝廷上了道奏折：

> 陛下以关内外分责二臣，用辽人守辽土，且守且战，且筑且屯。屯种所入，可渐减海运。大要坚壁清野以为体，乘间击瑕以为用；战虽不足，守则有余；守既有余，战无不足。顾勇猛图敌，敌必仇；奋迅立功，众必忌。任劳则必召怨，蒙罪始可有功；怨不深则劳不著，罪不大则功不成。谤书盈箧，毁言日至，从古已然，惟圣明与廷臣始终之。

皇帝看后，下诏书大加赞赏。后来，朝廷考虑到王之臣和袁崇焕两人相互看不上，权衡之后，朝廷把王之臣召回，不设经略，将关内外大权都交给袁崇焕，而命镇守太监刘应坤、纪用“见机行事”。

这在某种程度上使袁崇焕得以施展自己的抗辽大计，但是，他所面临的三线作战的形势依旧没有得到彻底的改观。很快，他就因为一件事情而再度成为朝廷讨论的焦点。

3. “议和”等同于卖国贼

天启七年（1627），由于自然灾害，加上年年用兵，后金实力大减，为了缓和与明朝的关系和威慑朝鲜，主动派出使团前来和谈。

和谈往往是缓兵之计，袁崇焕岂会不知？但是，他也需要时间修城，所以，他一边派人参加和谈，一边则抓紧时间修缮锦州、中左、大凌三城。在谈判中，后金要求“关内归明，辽东（指辽河以东）归金，辽（辽河以西）城堡不得修筑”，但是袁崇焕断然拒绝，反而提出了后金退出关东，交还俘虏等要求，双方在谈判桌上唇枪舌剑。

和谈期间，双方都各自按照战略进行军事部署和行动。面对明朝的战略包围，皇太极早就想施展“外科手术”，他将矛头对准了朝鲜。

其实，后金早在1625年就出兵攻打过朝鲜。为何当时先打朝鲜？至少应该有这样两层的考虑：一是，相比较于蒙古而言，朝鲜远离明朝，难以得到支援；二是，柿子挑软的捏，朝鲜实力较弱而且出现了内斗的局面，机会难得。

1625年，朝鲜武将李适、李贵等人造反，废了光海君的王位，立李倧为王。但是，造反后因为赏赐不均，李适、韩明琏等人再次发动叛乱，朝鲜陷入了内战。经过血雨腥风的内战后，李适被砍头，余党韩润、郑梅等人跑到后金寻求政治避难，并请求出兵。其实，朝鲜内斗，皇太极早就了如指掌，只是他想坐山观虎斗，现在斗得差不多了，生意找上门来，皇太极自然是欣然出兵。

老话说，鹬蚌相争渔翁得利，饱受内战摧残的朝鲜战斗力急剧下降，在后金铁骑的践踏下很快就支撑不住，屈服了。

但是，朝鲜还是保持和明朝的往来关系，并允许毛文龙等明军驻扎皮岛。为了解决腹背受敌的问题，明天启七年（1627年）正月初八，皇太极出兵朝鲜，他命令贝勒阿敏、济尔哈朗、阿济格、岳托统兵5万（一说10万），渡鸭绿江，杀向朝鲜；而他自己则坐镇沈阳，率10万重兵牵制明军。当然，他当时进攻朝鲜的目的有两个：第一，搞掉毛文龙；第二，攻打朝鲜，如果进展顺利，将朝鲜拉到反明阵营中来。很明显，后金的首要目标是毛文龙。

正月十四日，后金攻克义州后，推测毛文龙在铁山，立即分兵攻打铁山，准备来一次“斩首行动”。在这个时候，朝鲜认为毛文龙肯定失败，于是暗中支持后金攻打铁山。

当时，铁山都司毛有俊①等人率领1000多名守军与后金血战。面对重兵围攻，明军誓死反击，最终全部阵亡，毛有俊被俘后，后金要求他投降，他拔刀自刎，壮烈殉国。

紧接着，后金攻打距离铁山仅3里之隔的云从岛。毛文龙等率部反击，双方在冰冷的雪地上激战。双方不分胜负，各有死伤。后金消灭毛文龙在铁山的部队后，主力在朝鲜降将姜弘立、韩润的引导下，士气如虹，连克数城，直逼平壤。二十六日，朝鲜将士弃城而逃，平壤沦陷。

消息传到汉城，汉城惊慌失措，一方面派张晚为都元帅征集全国各地兵力勤王，一方面向明朝求救。但是，张晚得知后金进展神速，立即弃职而逃，朝

① 明末东江军将领，出身于辽东，明东江总兵官毛文龙养孙。他屡立战功，骁勇善战，长期担任东江重镇铁山的守将，官至都司。

鲜皇帝只好任命大将金尚客留守，自己带家眷逃到江华岛避难。

朝鲜的求救引发了群臣的讨论。铁山的沦陷是朝鲜人暗中搞的鬼，现在被后金攻杀是“报应”，但是该不该见死不救呢？很明显，如果朝鲜被消灭，对明朝不是好事。于是，天启皇帝命令袁崇焕、毛文龙支援朝鲜。

袁崇焕出兵援救，做出如下部署：命令水师支援毛文龙，派遣左辅、赵率教、朱梅等九将率领精锐部队9000人逼近三岔河，牵制后金。

毛文龙率军入朝作战，虽然兵微将寡、作战环境恶劣，但是明军还是坚持作战，给后金造成了不小的麻烦。只是，这种麻烦并未给后金带来巨大的影响。

二月初，后金兵抵达中和，李倧派人到后金大营议和。后金提出了割地、交出毛文龙、借兵1万进攻明朝的要求。很明显，这是想逼迫朝鲜站到反明的阵营里。国家都沦陷了大半，继续抵抗毫无希望，李倧准备同意与明朝断交，但是遭到主战派的反对。于是，李倧采取折中态度，写信给阿敏，希望不和明朝断交，同时愿意奉行与明和后金都友好的政策。

眼见目的未能达成，后金便继续进兵。当年三月初三，朝鲜屈服了，它与后金盟誓，朝鲜对后金称“兄弟之国”。作战任务完成后，后金兵逐步撤兵回沈阳。由于后金征服了朝鲜，救援没有必要，于是明军撤回。

这场战争也就是历史上所说的“丁卯之役”。此次战役，皇太极没能全部实现自己的战略意图，但是却让阿敏、阿济格的军事实力遭到削弱，也让朝鲜成为自己的“兄弟之国”。

随着朝鲜战局的恶化，袁崇焕的倒霉事也接踵而至，其中议和使袁崇焕陷入了困境。原因在于“议和”这个词太敏感了。早先，袁崇焕议和，皇帝是下旨准许的，但是后来却遭到文武百官的猛烈攻击。

一说到议和，满朝大臣马上想到了南宋和金朝议和的事情，在道德至上的评判准则下，没有人想当奸臣和秦桧，所以，大多数朝臣反对议和，对袁崇焕

秦桧像

不满的人更是肆意攻击袁崇焕，说他和谈其实就是卖国。

其中，王之臣骂得最凶，说袁崇焕和后金谈判就像当年宋人和金人议和那样愚蠢，不但是冒天下之大不韪，还冒历史之大不韪。而且，王之臣还说，如果不信，秦桧的下场就是袁崇焕的下场。而远在边关的太监刘应坤、纪用也遥相呼应。还有人竟然将后金攻打朝鲜的事情扣到了袁崇焕头上，他们说朝鲜和毛文龙遭遇后金进攻是因为议和造成的。

言语上的巨人，行动上的矮人，在明朝多如牛毛。但这样的人越多，对国家来说危害越大。明朝不缺乏发现问题、找问题的专家，而严重缺乏能解决问题的专家。

对于议和，袁崇焕不过是“敌人以和谈愚弄我，我也以和谈愚弄他”罢了，其根本目的在于争取时间修筑城池、屯田种粮，积蓄力量以期反攻。这和北宋王朝畏敌如虎，割地卖国完全不同。更何况，袁崇焕的议和与离间取得了一定的成果。当时，后金刘爱塔给袁崇焕提供过关键情况，为宁锦大战做出了不小的贡献。

被同僚无端指责，袁崇焕备感委屈，他上了一道奏折说明理由。他说：“关外四城虽然纵横连绵200里，但是北面靠山，南面临海，宽广仅40里。如今屯兵6万，商人平民数十万，地域狭隘人口稠密，我们到哪里去得到食粮？锦州、中左、大凌三城必须抢修，不能停止，我已经召集商民广开屯种，倘若未筑好而敌人已来，势必撤退，那就功败垂成，到手的就都得放弃！所以，趁敌人出兵江东，我姑且以和谈作为缓兵之计。等敌人看破此计，三城已经筑好，战争又在关外400里外，边防就更加巩固了。”朝廷阅后，皇帝朱批了“知道”两字，事实上，还是不同意袁崇焕的议和。

袁崇焕“以辽人守辽土，以辽土养辽人”，“以天下复辽东，而不疲天下以事辽东”正在逐步变为现实。对此，有人认为袁崇焕在灾害之年大修城池，劳民伤财，事实上，但凡有能力反击金兵，谁愿意花钱构筑防御工事。在当时的情况下，明军野战能力不行，只能固守，以减少伤亡和挤压、蚕食后金的地盘，这才是上策。至于防线有多大用处，我们从后来吴三桂放清军入关，清军才得以入关可以看出，防线究竟有多么重要。

只不过，构筑防线是要花钱的。崇祯前期，御史郝晋提出：“万历末年，综合九边军饷，不过280万。现在加派辽饷900万，剿饷330万，业已停止。不久又加练饷730余万。自古有一年搜刮2000万输送京师，又搜刮京师2000万输送边疆的吗？”

的确，明朝因为盘剥民众，致使民众举兵而反，导致明朝处于百姓的汪洋战争和后金的攻击之中，最终灭亡。但是，如果朝廷不因为党争而任用无能之辈、不老在辽东战略上反反复复瞎折腾，而继续任用像袁崇焕这样的官员，屯田修城，辽东费用绝对不会剧增，最终导致官逼民反。只可惜，大明帝国已经没有可堪大任的官员和具有战略眼光的统帅。此是后话。

针对议和之争，袁崇焕没能说服皇帝批准议和。不过，他认为只要是对的，就要坚持，就算得罪皇帝也在所不惜，于是他又上了一道八百里加急的文书：

> 奴乘屡胜之势，而我当披靡之余，不据险以守，无以固人心。臣四五年间，从提督抚镇诸臣后，细心参订，可幸无败。去春宁远一捷，仰微皇

> 上神威，孤注，遂以节钺加臣。臣念海宇十年，疲于东役，征调生乱，转输告窘，不得已而用一简静精密之法。如曰守为正着，战为奇着，款为旁着，以实不以虚，以渐不以骤。前屯城包而未完者，完之。宁远被两复圮者，补而永固之。中后、中右复屹若金汤。险设而事备，以六万守四城，奴即百万何敢飞越？从此且耕、且筑、且前，夷来我坐而胜，夷不来彼坐而困。前后四年，便可制胜。

只需要四年，就有望平辽，袁崇焕信心满满。但是，在文书离开辽东飞速赶往北京的途中，辽东来了“贵客”。

4. 后金兵败锦州城

宁远战役虽然明军获胜，但是后金必定会再度前来进攻，而且首当其冲的必定是锦州和宁远。

天启七年（1627）三月，后金在折断大明帝国的左膀朝鲜后，决定掉头来攻打大明。但是，此时后金和大明帝国还在谈判，为了破坏谈判，他派人向明朝提出了割地赔款的要求：以山海关为疆界，并索取重金。大明帝国对这种要求自然是不会答应，于是谈判破裂。

谈判破裂后，军事行动就提上议程。但是，出师要有名，皇太极就为出兵找了一个借口：明军在锦州、大凌河（今辽宁凌海市）、小凌河（凌海市东南）筑城屯田，这是明朝没有议和诚意的明证，然后，率领后金兵5万多人攻打明朝。

事实上，皇太极知道袁崇焕在修筑锦州等城池后，便寝食难安，如果按照袁崇焕的计划发展下去，后金的生存空间直接被压缩，最后就只能等着被消灭。为了打破这种日趋不利的局势，皇太极只能出兵。

当年五月初六，后金誓师出征，兵贵神速，五月初七、初八就渡过辽河，皇太极率部闯关。此次是皇太极乘胜对大明用兵，也是第一次以汗王的名义攻打大明帝国。他信心满满，期待胜利之师可以再造辉煌。但是，袁崇焕并非鼠辈，他早已经严阵以待。

早在后金攻打朝鲜期间，袁崇焕就积极备战，他整顿辽东，将重兵调到关外20里的地段上，让后金无法直逼关门。与此同时，他一边实施“用辽人守辽土，且守且战，且筑且屯”的策略，一边安抚蒙古各部，“大段坚壁清野，以为乘间击惰，以为随机应变”。简单地说，袁崇焕采取的是战与守、筑城与屯种、坚壁清野与乘虚出击相结合的战略。

结果，仅仅一年多的时间，袁崇焕经略的辽东就呈现出了这样的局面：关外以宁远（今辽宁兴城）为中心，以山海关为后盾，在二者之间中前、中左（今辽宁塔山）、中后（今辽宁绥中）、前屯、宁远、锦州、大凌河诸城，城城相互支援，据点遍布其间，宁锦防线更加严密坚固。

后金所要攻打的目标锦州更是坚城一座，袁崇焕早已修筑好锦州，并派赵率教领3万人驻守城池。得知后金大举进攻，赵率教一方面严阵以待，一方面派人到袁崇焕那里请救兵。

袁崇焕收到消息后，立即做了以下部署：第一，他让人通知赵率教固守待援，并对兵马作战做出指示，只要防守得当，后金肯定徒劳无功。具体作战安排是，副总兵官左辅统兵为左翼，以都司徐敷奏领兵从大凌河进入锦州守城；锦州北方，以副总兵官朱梅等领兵防守；赵率教居中调度，贾胜带兵作为机动部队，东西两边策应。

第二，上疏朝廷，说明敌军虽然气势汹汹但是不足为惧，冒着酷暑深入，无法持久，恳请朝廷不要下令让他们撤回关内。

第三，加强宁远的守卫。所幸这个时候，亲明的蒙古部落派兵前来支援，袁崇焕派他们到锦州附近插上军旗，摇旗呐喊，以壮声威。

后金出兵后，趁着攻克朝鲜的高昂士气，漫山遍野地冲杀，一路上，后金攻城拔寨，皇太极攻陷大凌河城，大贝勒代善、阿敏和贝勒硕托直逼锦州，大贝勒莽古尔泰直奔右屯卫，其余各路人马杀向锦州。五月十一日，后金兵齐聚锦州城下，四面合围。

面对得胜之师，袁崇焕制定了作战方略，呈报朝廷：

赵率教和中官纪用坚守城池，同时一定要派出使者与后金议和，拖延时间，坚守待援；招募200名敢死队，冲击后金大营；招募四川和江浙的士兵，用铳炮日夜轰炸敌军大营，让敌军不得休息；另外，挑选精锐骑兵4000人，由尤世禄、祖大寿率领，抄道东澜，绕到敌后作战，抽调水师由海道向东出发，牵制敌人的后方；请求朝廷征发蓟镇、宣府和大同的明军保护关门。

天下第一关：山海关

朝廷得知后金大举进攻，工作效率顿时火箭式上升，对袁崇焕的提议全部批准：命令原来驻防山海关的满桂移驻前屯，原来驻守三屯营的孙祖寿移屯山海关，宣府黑云龙驻守一片石，蓟辽总督阎鸣泰前往长城关口的城堡；发昌平、天津、保定的明军驻守上关；还命令陕西、河南、山东的守臣整军待命。

此次战争，朝廷调拨了12万的兵力，其中8万守关外，4万守山海关。此外，6万大军分别驻守前屯、宁远、中后、中右四城。很显然，在这四座城池中，宁远关乎全局。为了应对后金发动的战争，大明帝国还发布调兵令，从关内各重镇调兵，准备支援辽西战场。这种积极备战的态度和有序的作战准备，加上正确的作战策略，最终给后金上了生动而严肃的一课。

后金围城时，明军出现了一点小情况。当时赵率教驻防锦州，保护土木建筑工程，而朝廷命尤世禄来代替，又任命左辅为前锋总兵官，驻防大凌河。不过，后金进展神速，尤世禄未到，左辅也未能进入大凌河。

虽然主将未到任，但这并没有影响明军守城的决心。赵率教和纪用闭城防守，又派遣一名守备和一名千总前去皇太极的军营议和。一看明军早有准备，后金也采取了和谈与进攻相结合的策略。皇太极得知太监纪用与赵率教不和，便写了封信和交代了一些话给两位使者带回。

使者回去后，便转述了皇太极的话：“明军要战就出战，要偷袭就投降。二位太监可以出城来面谈。……城破后，不杀太监二人……”信里更是直接不提袁崇焕、赵率教，而是直接跟两位太监谈。皇太极的离间计使用得出神入化。

皇太极没有得到回信，焦急万分，立即让人到锦州去和谈，但是遭到纪用的拒绝。就在皇太极心灰意冷之际，纪用派人请皇太极派出使者到锦州去和谈。

皇太极兴奋不已，立即派绥占与刘兴治前去和谈。可是，皇太极的使者到来后，他们却闭门不见，后金的两个使者只好怏怏不乐地回去。直到第二天，明军才派出两个人，一个守备和一个千总，前去回复：昨天由于天黑，刀剑又不长眼，生怕出问题，没有开城，今天白天可以面议。皇太极认为此事还有转机，便再度命令绥占与刘兴治前去和谈。不过，他们还是吃了闭门羹，赵率教在城池上说道：“兵家之事，孰胜孰败，没有定论，就看天意。如果你们退兵，我自有赏赐。”随后，赵率教又让明军使者前去满军大营和谈。

知道中计的皇太极还是不忘离间，他让使者回复说：你们还好意思拿天说事，我是天命所归，广宁、沈阳、辽东三处都是我的。如果你们真的有种就出来大战一场。……你们出一千人，我出十人比试。如果你们输了，弃城而去，百姓我一个不杀。要不然，你们就拿出所有的钱财、物资，犒赏我的将士，我立即收兵……

赵率教深知是皇太极在引蛇出洞，便断然拒绝：“想打就来，废什么话。”太监纪用权衡再三，也不敢议和。

战场上得不到的东西，谈判桌上肯定也得不到。皇太极非常清楚这点，于是他决定以打促谈。在攻城前，他让人将劝降书射入城内，内容无非是如果投降，一切平安，如果反抗，玉石俱焚。不过，明军没有任何投降的举动。

知道明军这回是真的铁了心，皇太极便让将士们在午后饱餐一顿，然后收缩兵力，只留下少量兵力佯攻东、南、北三个方向，其主力隐蔽在城西山林里备战。随着一声令下，后金兵拽战车，抬云梯，轮番进攻城西、城北。但是，经过了一年多的备战，明军士气如虹，在赵率教、左辅、朱梅等人的率领下，奋力杀敌。虽然城西告急，但是城里的守军从其他三处赶来支援，集中火力，火炮齐响，弓箭齐发，佛郎机齐射，抛石机石块纷飞，炮声震地，杀声一片，硝烟弥漫，后金将士被大炮炸死的，被火枪杀死的，被弓箭射死的，被石头碾死的，被火烧死的，数都数不过来。

双方从早上激战到晚上，明军用保家卫国的信念和与城池共存亡的行动将后金兵击杀在城下。后金攻城不利，只好暂停进攻，撤到离城5里的地方安营扎寨。

5万多的精锐竟然打不过3万明军！皇太极气急败坏，没想到首战失利。经过分析，他还是认为要两手准备，一边则令人火速从沈阳调兵，一边远距离围困锦州。

当然，明军也没闲着。守城将士在打退金兵进攻中伤亡也不小，将士们在处理完战友的尸体，清理完战场后又投入备战之中。

皇太极愤恨不已。但是，他又无可奈何，他已经想了很多计策引诱明军出战，但是赵率教就是不上套。用计不行，只好强攻，但是后金兵善野战，却不善攻城，所以，任凭后金将士前仆后继，锦州城依旧屹立不倒。一句话：后金的进攻除了堆积越来越多的尸体外，没有什么效果。

在这期间，袁崇焕等人也在商量救援锦州的军务。有人提议抽调宁远的兵力救援锦州，但是袁崇焕否决了这个建议。他一方面派出骑兵袭扰后金，命令水师进攻后金后方，牵制后金，另一方面请求朝廷调兵支援。

五月十六日，满桂从山海关精选1万精兵开赴锦州战场，并在爪篱山与后金兵遭遇，双方二话不说立即开战，经过激战，明军伤亡惨重。这次救援失败再度证明了明军野战完全不敌后金军。对明军不利的是，后金的援军在二十五日抵达了锦州外围。

虽然城外的后金兵围了一层又一层，但是明军将士并没有退却，而是斗志昂扬，捐躯赴国难，这是他们的职责，也是他们的荣誉。

很快一个月过去了，虽然锦州城被团团围住，虽然守城将士伤亡颇大，生活艰难，但是他们依旧在坚守，而后金将士只能对着城池干瞪眼。在这一个月中，双方大战3次，小战25次，后金损失数千人，明军则伤亡较小。

兵败锦州城，这是现实。皇太极心知肚明，但是他不认输，他急功近利，盯上了宁远。于是，宁远成了此次战争的另一个主战场。

5. 血战宁远城

由于久攻不下，士气低落，加上担心被明军抄后路，皇太极只好兵分两路。他将围城部队一分为二，一部分继续围攻锦州，另一部分则由自己率领，前去进攻宁远。

二十八日清晨，后金兵驰至宁远，于城四周扎营，并包围宁远。其实，早在察觉到后金的动向后，袁崇焕就做了部署。

监军刘应坤、副使毕自肃登城固守，将营寨安扎在城壕内，城上四周则配置火炮和火枪，而总兵满桂等将领则率精锐出宁远城东二里，严阵以待，与宁远城成掎角之势，而总兵孙祖寿、副将许定国率军于西门扎营，副将尤世威在城东二里列阵迎敌。

皇太极进兵到城北岗扎营。察看完明军的部署后，皇太极想围歼满桂的明军，但是他又担心遭到城上重炮的轰炸，于是他故伎重演，通过佯退来引诱明军追击，然后杀个回马枪，三面围攻明军。这种简单的战术欺骗在以前屡试不爽，但是对付现在的明军则丝毫不管用。因为现在的明军不是贪生怕死、贪功冒进的军队，他们固守阵地，严阵以待，任凭后金军来回折腾。

皇太极意识到自己面前的明军已经不同于之前的残兵败将，于是准备下令强攻。但是，早已经吃过苦头的后金将领代善、阿敏、莽古尔泰等则团结一致，劝阻皇太极说，努尔哈赤当年兵败宁远就是因为近距离攻城，这个教训要吸取，现在宁远城坚固无比，不可攻，我们还是撤退吧。

皇太极心急如焚，说："以前我父亲进攻宁远，兵败而归，而我进攻锦州也是久久不能攻下，这都是因为我军不善于攻城。我军擅长野战，现如今我们碰到了明朝的野战军，假如我们依旧无所作为，岂不是有损国威，被人轻视。"

出师一个多月，毫无战果，皇太极着急了，下令攻城，并亲自上阵。军令如山，后金将士只得硬着头皮进攻。而这刚好是明军想要的结果。一看后金兵发动凌厉攻势，明军个个摩拳擦掌，准备血战。

城墙上的明军在袁崇焕的直接指挥下，发射威力巨大的红夷大炮轰击后金；城下，野战高手满桂和尤世威率步骑兵与金兵展开血战，而车营都司李春华等部的"红夷""木龙虎""灭虏"等火器也施放不停，双方在宁远兵戈相向，杀声一片。满桂和孙祖寿用连环马阵攻击后金，而且身先士卒，杀向后金兵，明军在满桂的感召下，也奋勇杀敌，后金被明军的战斗力吓蒙了，无数人遭到砍杀。但皇太极立即命令部队撤退调整战术，然后再战，结果后金兵大破连环阵，明军死伤较多，战况极为激烈，满桂身中七八箭，只好退城据守。

第一回合结束后，明军采取了诱敌深入的计谋。他们假装败退，奔向城门。而金兵以为明军兵败如山倒，立即挥师紧追，结果进入了火炮射程之内，等他们抬头看见枪炮才恍然大悟，但是为时已晚，一些金兵被大炮击溃，一些金兵被炸断手脚，"伤者无数，尸横满地"。

见此情景，袁崇焕则拔出刀，大声呼喊，命令将士们分路追击。命令一下，明军立即奋勇争先，杀向后金部队。后金抵挡不住，连连败退。皇太极没有办法，只好鸣金收兵。皇太极见"死者益众，乃撤兵归，终夜东行"。

士别三日当刮目相待，此时的明军早已不是当年的明军。皇太极没有清醒地认识到这一点，所以他在宁锦防线上栽了跟头。失败带来的苦果只能自己品尝。但是，皇太极依旧不认输，他又回头攻打锦州。于是，第二次锦州会战开始了。

6. 明军再挫后金军

既然是自己下的命令，失败的苦果皇太极只能自己吃下去。但是，这次失败让皇太极深入思考，他得出了一个结论：在宁远城和袁崇焕作战，绝对占不到便宜，搞不好自己还会重蹈努尔哈赤的覆辙。

既然攻不下宁远，又不能无功而返、直接班师回京，只好再率部与围攻锦州的部队会合，继续攻城，起码捞点面子回来。

集中兵力后，后金猛攻锦州城南。但是，锦州城壕深阔，易守难攻，又时值酷暑，将士体力不支，士气低落，劳师远征却一无所获，进攻多次不但没有取得任何有效的战绩，反而活生生地成为明军枪炮的靶子。后金折损了不少兵力。

进，攻不下；退，没面子。皇太极处于进退维谷的境地。但是，相比于面子，命更重要。一旦明军合围，后金有可能被歼灭。于是，当年六月初五日，皇太极下令班师回京。撤退时，出于气愤，他们将明军外围的大小凌河等城全部毁掉。六月十二日，皇太极回到沈阳，至此宁锦会战结束。这是后金军在关外继努尔哈赤宁远兵败后的第二次惨败。

此次战役，后金损失惨重，将领固山（领7500人）和牛录有30多人被射杀，贝勒代善第三子和第四子都身受重伤，后金兵损伤就更无须多说了。宁锦之战，后金失败是必然，除了明军实力强大的原因外，主要原因还在后金方面：

首先，皇太极以胜利之师攻打锦州，骄兵碰上悍将必败。其次，漠视宁锦防线，采取的战略战术重蹈以骑射攻城的覆辙，如果采取长期围困，轮流作战的战术，战果也许不同（后来，后金就是靠轮流围困锦州攻下锦州城的）。再次，夏天出征，这不是后金将士出征的好天气，而是明军守城的好天气，结果导致兵疲将乏，战斗力下降。

此战之后，皇太极再也不敢轻易出兵攻打明朝，明军和后金在辽西战场上成对峙局面。事实上，皇太极所面临的内外部局势异常严峻。

从外部形势上看，蒙古是个大问题。蒙古东接后金，南与明朝相连，在后金与明的战争中地位不容小觑，甚至会起关键作用，后来皇太极迂回袭扰明朝腹地导致袁崇焕被杀就有蒙古人的功劳。西边的蒙古诸部尚未被征服，察哈尔部林丹汗还是采取亲明的政策。而在对明战争中，虽然蒙古部落在言辞上支持后金，但只有科尔沁部用行动支持后金。此外，东边的朝鲜也是个大麻烦。朝鲜和明朝关系紧密，相互支援，威胁后金。蒙古和朝鲜犹如明朝的两把尖刀，随时会插入后金的胸膛。对此，皇太极深有感触：“今汉人、蒙古、朝鲜与我四境逼处，素皆不协，且何国不受讨于我，积衅既深，辄相窥伺。”很显然，一旦明朝、蒙古、朝鲜协同作战，后金将永无宁日，甚至会导致政权覆灭。

不过，相比较于外部威胁，后金内部威胁更为严重。第一：满汉之间的矛盾，由于后金采取民族压迫政策，汉人在经济和政治上遭受双重压迫，在肉体和精神上遭到凌辱和虐待，汉人不断反抗，造成后金后方不稳定。第二，汗权和王权的斗争从未间断。努尔哈赤生前制定的八和硕贝勒共理朝政的制度加深了皇太极与贵族之间的矛盾。第三，战争的残酷性让后金吃不消。正所谓杀敌一万自损八千。后金虽然在征战中获利颇丰，但是也损失不小，长期征战，让小地方的民众几近破产，他们为了置办马匹、军械而“卖牛典衣，买马制装，家私荡然”。第四，战争使经济受到影响，虽然后金发动战争掠夺大量的财物，但大多被贵族占有，而民众获得的则较少，加上征战要使用大量的人力物力财力，造成正常的经济建设没法进行下去，皇太极即位不久，又遇上荒年，粮食奇缺，物价飞涨，斗米价高达银8两，以致“国中大饥”，甚至出现了“人有相食者”的惨象。皇太极都慨叹道：“今岁国中因年饥乏食，致民不得已而为盗耳！”

很明显，这次会战，明军大获全胜。胜利的原因有很多，但是极为重要的一点是，袁崇焕谋定而后战，而朝廷没有过多干涉袁崇焕的指挥，在某种程度上相信袁崇焕。

赏罚分明，这是朝廷定的规矩。但是，在阉党横行的时代，赏罚分明与否则完全依派系和阉党的心情而定，宁远会战首功袁崇焕非但没有获得相应的奖赏，反而丢了官。

7. 战后“抢红包”

早在锦州被围时，袁崇焕就曾向朝廷送去奏折《奏报宁锦情形疏》。他在奏折中详细描述了敌我双方的优势和劣势。他说，后金野战能力强，明军善守城，所以，明军不应当出城迎战，而应扬长避短，用大炮轰击后金。经过一番攻击，后金阵亡数千人。倘若锦州武器粮食充足，那么就算敌人围困，城池依旧会屹立不倒。不过，他担心敌人会长期围困锦州，而从沈阳抽调兵力轮流阻击明军的援军，如此一来，守军迟早会弹尽粮绝。因此，他在奏折最后说，要想彻底打败后金兵，一定要提升部队的野战能力。

袁崇焕的想法深思熟虑，并且预见到未来的情况。后来，后金就是采用袁崇焕的战术攻破锦州城的。

战斗结束后，袁崇焕又上了一道奏折，在奏折中他这样说道：“从全国各地抽调部队，没有一支部队敢和后金兵进行野战。就是去年，我军也是从城墙上进攻后金。现在我军敢于出城，用真刀真枪与敌军血战。我屡次大呼，命令诸将追击敌军，诸位将士奋勇杀敌，一战就挫败敌人的锐气。这一战，满桂立下了大功劳。”

由此可见，袁崇焕并不是想死守城池，而是借助死守城池来争取时间训练可以野战的部队。宁远会战也说明，明军从消极备战向积极备战转变。

从宁远会战的情况看，假以时日，腐朽的大明帝国还有能力消灭偏居一隅的后金这个地方政权。但是，袁崇焕前脚刚收拾完后金，背后的阉党立马就扑上来收拾他。

就在袁崇焕奋力守关的时候，阉党也在明目张胆地排除异己，迫害政敌，经过一番清洗，阉党势力达到了顶峰。这个时候，阉党首领魏忠贤到达了他人生的顶峰。宁远大战，他将所有功劳据为己有，天启帝说：“近日宁远危急，全赖厂臣调度，以奏其功。”不仅魏忠贤因为宁远大捷加恩三等，就是他那3岁的儿子魏良栋、2岁的儿子魏鹏翼也封侯封伯。朝廷数百阉党也得到了升官，他们对魏忠贤歌功颂德。

而真正的大功臣袁崇焕在宁锦大捷中获得了什么呢？他在功劳册中排名第85位，仅仅获得“加衔一级，赏银三十两，大红纻丝二表里”的赏赐。此外，他得到更多的是各种“脏水”。阉党分子河南道的言官李应荐弹劾袁崇焕和后金议和，后金攻打锦州，袁崇焕坐视不管；阉党刘应坤制造黑材料，诬陷袁崇焕。刘应坤罔顾事实，竟然说袁崇焕是因为“暮气难鼓”，不派兵救援锦州，与后金议和另有所图；督饷御史刘徽则说袁崇焕议和背后有不可告人的目的……

刘应坤也算是与袁崇焕共过生死的人，也是目睹宁锦会战全过程的人，前线将士的浴血奋战、战况激烈，以及战友之情却依然没能敌得过党争。事已至此，大战的功劳被阉党夺走，袁崇焕不但没有获得相应的嘉奖，反而遭到了陷害。他明白：是时候离开辽东了。

于是，他称病请求退休。刚开始，皇帝还认可袁崇焕的封疆之功，允许他回乡调理，日后叙功行赏，必当择官重用。但是，阉党制造的黑材料越来越多。工科给事中陈维新写了很长的文章谩骂袁崇焕，说他见死不救，议和无效果，拿俸禄不干事等，天启皇帝生气了，也认为袁崇焕暮气难鼓，物议滋至，准其引疾求去。并说，旧抚袁崇焕轻遣李僧吊丧求款，动出非常，茫无实效，故允回籍。

当年7月，袁崇焕踏上了回家之路，离开这个6年来日夜守护的辽东。

袁崇焕请求退休是不甘心的。这绝不是因为他有功无赏，而是他不甘心自己明明可以收复辽东，却在形势大好的情况下被迫离开苦心经营的辽东前线。这种压抑的情绪在他的诗歌中展露无遗。经过庾岭时，他作诗说：

功名劳十载，心迹渐依违。
忍说还山是，难言出塞非。
主恩天地重，臣遇古今稀。
数卷封章外，浑然旧日归。

有功无赏反遭诬陷，袁崇焕并不在意，他对自己舍身赴国难没有半点后悔。他对自己守边时尽职尽责、清廉守正较为满意。当时，不但袁崇焕的部属将士愤愤不平，就连阉党分子兵部尚书霍维华都看不下去，他主动给皇帝打报告，说愿意将赏赐给他的官位转交给袁崇焕，让袁崇焕能够以正卿衣锦还乡。天启皇帝自然愤怒了，天恩浩荡，岂能说给别人就给别人。于是，皇帝骂了霍维华，此事不了了之。

对袁崇焕来说，此时可以用"封侯非我意，但愿海波平"来形容他内心真实的想法。在他写给战友陈策[①]的诗中，可以看出他胸怀的宽广：

① 明末著名将领，能文能武。中进士后，担任武官，由于剿匪有功，不断升官。后来，随陈璘入朝抗日，在露梁岛一役中，把日军战船焚烧殆尽，斩溺倭寇2万余，后来又镇压杨应龙起义部队及皮林的苗民起义，不断升官。万历四十七年，担任援辽总兵官，率兵赴援，曾在奉集击败后金。天启元年三月，辽阳沦陷，他率数千将士支援，结果被后金5万人包围，他血战一天，最终遇害。

慷慨同仇日，间关百战时。
功高明主眷，心苦后人知。
麋鹿还山便，麒麟绘阁宜。
去留都莫讶，秋草正离离。

袁崇焕一走，真是亲者痛，仇者快。阉党立即又让王之臣任督师兼辽东巡抚。这个贪生怕死、鼠目寸光的人无视宁锦防线的抗金作用，竟然撤回锦州的守备，一心只守宁远，白白地将锦州拱手让给敌人。

后金得知袁崇焕被赶回老家，呼声一片；他们得知王之臣代替袁崇焕，更是欢呼雀跃。这不明摆着明朝自毁长城，将优秀的将领撤换，调来一个贪生怕死、目光短浅而又刚愎自用的人。于是，后金军发动进攻，轻而易举地占领了锦州，将锦州城拆毁，以雪宁锦会战之耻。

所幸的是，一心想做木匠的天启皇帝很快就驾崩了，明思宗即位。袁崇焕得以再度被起用。回到边关，他再度将前任丢失的城池收复回来，并修缮锦州，重整宁锦防线。

第九章

步步惊心：重整旧河山

1. 过起了诗意人生

天启七年（1627）8月22日，落水生病的朱由校跟他父亲一样，因为服用“仙药”身亡，终年23岁。按照父死子继的传统，应该是明熹宗的儿子来当皇帝。但是，天启皇帝的儿子夭折，有些妃子怀孕了，也被魏忠贤等人害得流产，所以，明熹宗没有儿子。

在这种情况下，只能由朱由校的弟弟来继承大统。朱由校原本有几个弟弟，但不幸的是多数夭折，只有信王朱由检健在，于是掌管大明帝国的权力就落到了朱由检身上。朱由检登位，年号崇祯，史称明思宗。

崇祯皇帝像

这是大明帝国第17位皇帝，也是大明帝国作为全国统一政权的最后一位皇帝，当然，这些在当时还看不出来。因为大明帝国再腐败也还没到亡国的地步，而后金也没有足够的实力取代大明帝国。如果崇祯皇帝德才兼备、魄力与勇气兼备，那么一切还会有指望。

朱由检当时才17岁。作为皇帝，他很想有一番作为，他对大明帝国吏治败坏、阉党横行深恶痛绝，而且他也清楚，想要坐稳皇位，必须首先将阉党干掉。但是，阉党在当时权势滔天，爪牙布满天下，除之并非易事。除掉阉党，是对崇祯皇帝执政才能的一大考验。

不过，崇祯皇帝登基时虽然年幼，但是却很有魄力。经过一番缜密谋划，他在当年十一月份就杀了恶贯满盈的阉党罪魁魏忠贤及其主要党羽。魏忠贤死后，阉党遭到了清洗，被杀头的杀头，被充军的充军，被免职的免职，朝廷污秽的风气有所改变，而民众则拍手称快。

在崇祯皇帝布局清洗阉党期间，袁崇焕返回南方。在回南方的途中，他游山玩水的兴致就来了，沿大运河南回，沿途考察民风，欣赏各地名胜古迹，并写下不少诗作，比如《韩淮阴侯庙》《夷门》《上蔡县》《太白楼》等。

抵达广西后，袁崇焕从桂林乘船下桂江回藤县老家途中，参观了昭平县马峡的杨文广炮台和将军庙。这个地方虽有人来参观，但是破败不堪，想起自己被贬，袁崇焕当场在石壁上题了一首七律《过杨文广炮台有感》：

杨门代代出将才，将军平寇筑炮台。
故垒千重浪运空，似说当年功世盖。
本为忠勤能报主，马革裹尸殓遗骸。
岂知浮云遮蔽日，忍别边将北归来。

回到老家后，他往来于广东和广西这两个故乡。 在广东，他刚好赶上广东名人筹办重修罗浮山寺观。该活动的发起人是时任南京礼部尚书韩日瓒，主持人之一是袁崇焕的姻亲李烟客，其他的也都是广东名人，比如何吾驺、张萱、陈子壮、尹守衡、崔奇观等人。

这些人得知袁崇焕刚好返乡，便主动邀请袁崇焕为募修工作撰写疏文。刚开始，袁崇焕生怕会引发儒道之争，所以以忙碌等理由拒绝。但是，考虑到李烟客的关系以及这些官员、名人都是些敢于和阉党做斗争的正义之士，他最终应承了下来。

陈子壮像

除了此事，袁崇焕还为自己家乡三界庙写了重修疏文，并拿出300两白银作为建庙之资。其他大部分时间，袁崇焕便和陈子壮等文人、朋友吟诗喝酒唱和，过着闲云野鹤般的生活。由于袁崇焕交友甚广，其中还有会喝酒的和尚。

陈子壮，是广东南海人，和袁崇焕同一年高中进士。原本仕途前景不赖，但是他在做浙江主考官的时候，由于出题讽刺魏忠贤被罢官。两人都有匡扶社稷的理想，又有敢于同阉党斗争的勇气与行为，因此彼此惺惺相惜。

人生得意须尽欢，莫使金樽空对月，对袁崇焕来说，虽然他过了不惑之年，但是他还是有些事情想不明白，自己才四十多岁，皇帝竟然认为他暮气难鼓，要知道，廉颇七十尚能骑马张弓！人生失意更须饮酒尽欢，消除心中之块垒。

所幸的是，崇祯皇帝和满朝正直的文武大臣没有忘记他。清洗阉党后，许多重要岗位空缺出来，崇祯皇帝急需治国之人才，便起用大批被阉党迫害过的政治人才，其中包括袁崇焕，“廷臣争召袁崇焕。其年十一月，擢右都御史，视兵部，添注左侍郎事”。拿掉阉党魏忠贤之后，崇祯皇帝又在崇祯元年

（1628）三月将王之臣撤职。同年四月，袁崇焕被任命为兵部尚书兼右副都御史督师蓟辽，兼管河北、山东的军事防务。

崇祯皇帝的厚恩，刚好可以满足袁崇焕收复辽东的愿望，但是他因为对崇祯皇帝的对辽政策以及崇祯皇帝本人的态度不清楚，所以一再上疏请求辞职，不过崇祯皇帝没有批准。

此时，袁崇焕已回到莲塘村，其父子鹏、胞兄崇灿、亲叔子腾、堂兄崇炜已在短时间内先后辞世，无奈之下，他写下了《归家后作》：

到得家园涕自倾，此身深悔去求名。
伤心今日方为子，忍泪三年为夺情。
老母饥寒奄一命，孤儿锋镝剩余生。
不堪既抱终天恨，又通荆花忆弟兄。

屡次请辞屡次被驳回，袁崇焕知道新皇帝确实重视辽东，并且想要有所作为。于是，他收拾行囊，开始北上。其实，虽然被迫回家离开工作岗位，但是袁崇焕的心始终放在辽东局势上。

有些人喜欢安逸，想在安逸中度过为期不长的岁月，享受天伦之乐。但是，袁崇焕还是决定选择刀尖舔血的军旅生涯。

得知袁崇焕要回火线，陈子壮等人为他践行。赵心惇[①]即兴为他作了一幅画，名字叫《东莞袁崇焕督辽饯别图诗》，画中，江上孤帆一叶远行，妇女三人和小孩一人站在岸边默默送行。

陈子壮见后，立即拿过画来，写上了“肤功雅奏”四个字，借此来预祝袁

① 明末广东著名画家，擅长画花卉，被清初的屈大均称为画花卉的高手。同时，他还是广东南园诗社十二子之一。

崇焕此行“克奏肤功”。紧接着，众多文人雅士纷纷在画作后面题诗，书写袁崇焕抗后金的功劳。比如陈子壮的诗：

曾闻缓带高谈日，黄石兵筹在握奇。
回纥传呼唯郭令，召公受册自淮夷。
追锋北向趋三事，露布东征宠六师。
辞去中兴麟阁待，燕然新勒更何辞?

其他人，如梁国栋：“笑倚戎车克壮猷，秉钺纷纷论制胜，笑谈尊俎似君无？”

邓桢：“冠加荐角峨应甚，赐有龙文许自专（指尚方剑）。借箸独当天下计，折冲随运掌中权。”

邝瑞露：“行矣莫忘黄石语，麒麟回首即江湖。”“供帐夜悬南海月，谈锋春落大江潮。”“衣布尚怜天下士，高歌谁是眼中人？”

邝瑞露即邝湛若，广东名士，南海人，后助守广州，清兵破城时不屈而死。

这些人不约而同地提到功成身退的问题，并暗示袁崇焕此去可能会再也回不到南方。事实上，袁崇焕也心知肚明，但是他还是决定将辽东的事情处理完毕，如果畏难苟活，他可能会安度晚年，寿终正寝，但是他会后悔愧疚一辈子，与其在悔愧中过完人生，倒不如舍命去做自己想要做的事情，哪怕上刀山下火海，甚至身首异处。

既然袁崇焕决心已下，众位好友也就不好再说什么，便在袁崇焕戎装北上的时候前来送行，对此，袁崇焕作了一首诗来答谢他们，也是为自己壮行：

重整旧戎衣，行途赋采薇。
山河今尚是，城郭已全非。
马自趋风去，戈应指日挥。
臣心期报国，誓唱凯歌归。

可惜，袁崇焕一心报国最后未能凯旋，反倒是遭受酷刑，“身败名裂”。

2. 崇祯皇帝的梦想

这年七月上旬，袁崇焕抵达京城。七月十四日，崇祯皇帝在紫禁城平台[①]召见袁崇焕，同时在场的还有内阁首辅、五府六部的文武百官以及河南、四川、云南到京的地方官员。袁崇焕向皇帝递交了辽东方略。

崇祯皇帝知道他将辽东经营得有声有色，是可以倚重的人，必须重用。

崇祯皇帝开门见山地问袁崇焕，满洲酋长跳梁叛乱已经十年了，国土沦陷，百姓生灵涂炭，你万里赴诏，忠勇可嘉。你可将平辽方略一一说来，让朕听听。

袁崇焕热血沸腾，直接说道："皇上，方略都写在奏折里。现在皇上是明君，问到了平辽大计，其实也不难。老臣深受皇恩，得以重新起用，非常感激，必将拼尽全力，经营辽东。老臣在五六年前就做了评定，如果皇上肯给我足够的支持无须事事请命就可以行使权力，我预计在5年之内收复辽东。"

崇祯皇帝听后很高兴，这可是上面三位皇帝都没完成的大事件，如果袁崇焕真能在五年之内收复辽东消灭后金政权，那么必定可以彪炳青史。就在这个时候，内阁大臣也一齐上奏说，袁崇焕肝胆意气，识见方略，值得嘉奖，是个

① 皇帝召见亲信大臣密议军国大事的场所。

奇男子。崇祯皇帝很高兴，就说："好。只要你能够平定辽东，好处不会少你的。"

随后，崇祯皇帝暂退休息片刻。这时候，一向敬重袁崇焕的兵科给事中许誉卿担心袁崇焕不了解崇祯皇帝，便问袁崇焕，你有什么方略五年内可以平辽。袁崇焕说，我这么说是想安慰下皇帝。许誉卿则回复道："皇上少年天子，英明得很，你怎么能够随便应对？到时不能实现五年平辽，皇上追究起来，看你怎么应付？"

袁崇焕听后，感觉信心太满，全盘托出，可能会惹祸，于是在崇祯皇帝复出后问及他的具体方略时，他就说得较为稳妥些。袁崇焕深知，做大事不易，而且后勤补给和配合极为重要。镇守辽东6年来，他不是被后金的进攻搞得筋疲力尽，而是被后方党争与后勤补给等弄得焦头烂额。后金对袁崇焕来说不足为患，他担心的是朝廷给他使绊子。

他说："皇上，要收复辽东不是多大的难事。但是我需要五年之内，事事顺手。首先就是钱粮问题，据臣所知，每年辽饷入和出相差了120万两。臣打算从辽东裁省60万，再由户部供给60万，如此钱粮就不需要担心。"

孙承宗

崇祯皇帝立即让代理户部尚书的王家贞处理此事。随后，袁崇焕又提到了兵器制造、人事安排等，崇祯皇帝都命令代理工部尚书张维枢、吏部尚书、兵部尚书全力配合袁崇焕。

一时间，户部供给军饷，工部提供器械，吏部调用可靠的人才支援辽东，兵部选拔有勇有谋的将领。

崇祯皇帝全部批准袁崇焕提出的要求后，发现袁崇焕有所疑虑，就示意袁崇焕明说。袁崇焕就说道："皇上，熊廷弼、孙承宗两位老将都被人排挤，最终功败垂成。老臣经营辽东之力有余，但是调众人之口却有心无力。一离开京城，臣与皇上便相隔万里，朝廷里面嫉妒老臣建功的，恐怕不会一个也没有。就算他们不动用自身权力给臣使绊子，也会以意见不合来给臣添乱。"

忠臣就是忠臣，连心里话都说出来了。崇祯皇帝感动得站起来，他对袁崇焕说道："爱卿不要有任何顾虑，只管经营辽东，别的事情，朕自有主张。就算有浮言上奏，我也不会听的。"

见到崇祯皇帝如此信任自己，袁崇焕觉得事情差不多了，就请皇帝指导方略。崇祯皇帝非常激动，一个劲地说不必谦逊，而内阁大臣张鸿训则请求赐尚方宝剑，给袁崇焕专一事权。

崇祯皇帝立刻令收回王之臣、满桂手中的尚方宝剑，转赐给袁崇焕，让他便宜行事，可以先斩后奏，同时让御厨抬出酒菜赏赐袁崇焕。

备受皇帝信任，袁崇焕甚为感激，他总结一下，说道："恢复辽东，消灭后金政权，不外乎我过去以辽人守辽土，以辽土养辽人的策略；守为正着，战为奇着，和为旁着的具体办法。收复辽东的办法在于循序渐进，而不能急功近利，在于脚踏实地而不是夸夸其谈。我和边关将士能够做到这点。但是，至于用人之人与为人用之人，都至尊司其个人职责范围，何以任而勿二、信而不疑？驾驭边臣与朝臣应该有所区别：军队中可惊可疑的事情多不胜数，朝廷只应当谈论成败的大局，而不应吹毛求疵，摘一言、一行之微瑕；身居高位容易惹来各种怨气，大多有利于边疆的往往都不利于自身的官位。更何况，急功近利，将后金逼急了，他们会使出反间计。所以，作为远离朝廷的边疆大吏，非常难。陛下爱护臣，了解臣，我何必想太多。但是，其中的微妙，我不能不说给皇上听。"

崇祯皇帝听了袁崇焕的肺腑之言后，立即"优诏答之，赐蟒、玉、银币”。虽然崇祯皇帝大加赏赐，但是袁崇焕要的并不是这些，他最想要的是皇帝的信任。但是，他最终没有要到，而是死在了反间计和党争上，身首异处。当然此是后话。袁崇焕是用身家性命为国操劳的将才，怎么会接受蟒、玉？为了边关粮饷，他倒是收了银币。

袁崇焕与崇祯皇帝之间的对话，再度总结了袁崇焕的辽东大计。第一，恢复国土只能循序渐进，步步为营，不能够贪功冒进。第二，用辽人守辽土，用辽土养辽人，解决兵饷两缺的问题。第三，采用“守为正着，战为奇着，和为旁着”的基本战略方针，所谓“守为正着，战为奇着”，就是一般的采取守势，有隙可乘时采取攻势，也就是在不利的情况下采取守势，等到敌我力量发生变化，或敌人有了弱点，再进行战略或战术上的进攻。所谓“和为旁着”，就是利用和平谈判作为军事行动的辅助，目的还是为了恢复全辽。第四，国君和边疆大臣方面，希望皇帝只抓大局，不要苛求小细节。第五，皇帝要相信大臣，不要中了敌人的反间计。

崇祯皇帝从小就没了父母，又在复杂的宫廷斗争中长大，对袁崇焕所说的自然不会全部相信，就如同他不会相信袁崇焕的忠君报国一样。当然，袁崇焕也没有想到，一心为国最后却招来极刑并背了几百年的骂名。

3. 重整旧河山

获得皇帝的大力支持后，袁崇焕兴致勃勃地赶往关外，于八月初抵达大营。不过，迎接他的不是军纪严明、运作正常的辽东系统，而是兵变，更为要命的是，是他重兵防守的宁远发生兵变。

这年七月，也就是袁崇焕到京的这一个月，宁远因为户部拖欠了4个月的饷银，士兵们无法生存下去，只好发动兵变。四川兵和湖北兵率先闹事，紧接着，其他14个营的官兵也积极响应，他们将巡抚毕自肃、总兵官朱梅、通判张世荣、推官苏涵淳四个人抓起来，绑在谯楼上吊打，逼迫他们交出饷银，与此同时，将公文等重要文件翻得七零八落，遗失无数。

士兵气势汹汹，目无法纪，将毕自肃打得半死，刚好被兵备副使郭广看到。他二话不说，直接护着毕自肃，并命令士兵将军库里仅有的2万两银子拿出来分给兵变的官兵。不过，这点银子简直是杯水车薪，根本无法满足兵变士兵的要求，郭广无可奈何，只好向商民借了5万两银子分发下去，兵变才慢慢平息。毕自肃自己觉得治军不力，导致兵变，有愧于朝廷，竟然自缢身亡。

宁远饥兵哗变消息传来，袁崇焕亲自到宁远处理兵变，他找到了郭广，两人密谋，处理兵变分子。为了稳住军心，他先是放过带头闹事的杨正朝和张思顺两人，砍了知道士兵哗变却不报告的中军吴国琦，并下令查清抓捕15个士兵，然后用枪尖诛杀示众；严厉斥责负有责任的参将彭簪右，罢免都司左良玉等四人，奖励 “不从变”的都司程大乐及其所部。后来，他又将杨朝正和张思顺发往前方戴罪立功，解除通判张世荣和推官苏涵淳，理由是这两个人贪婪无耻贪污军饷导致兵变。随后袁崇焕向朝廷请求拨款，朝廷拨款10万用于铸造武器，拨款20万用于发饷。

袁崇焕这种当机立断，迅速解决兵变的果敢使辽东局势又稳定下来，用史书的话说是“一方乃靖”。视察完防区，袁崇焕又根据实际情况，抽调兵力加强了辽河沿线的守卫。

然而，一波未平，一波又起。宁远兵变起了头，锦州和蓟镇的士兵也随之哗变。哗变的理由还是钱的问题：饷银迟迟不发。因此，新任辽东巡抚王家桢被罢官。

祖大寿像

一分钱难倒英雄汉。袁崇焕什么也做不了，只能不断向崇祯皇帝求救。朝廷最终拨款30万两白银。但是，在请求拨款的时候，袁崇焕得罪了崇祯皇帝，那就是，请求崇祯皇帝动用私房钱。

崇祯皇帝刚开始不露声色，一听要动用私房钱，立刻急了。他开始抱怨袁崇焕拿饷银说事。这个时候，阉党分子周延儒则立即攻击袁崇焕说，唐朝张巡和许远抗击安禄山时罗雀掘鼠，军心不变，偏偏袁崇焕就不能。

要想马儿不吃草，又想马儿跑。就算袁崇焕不要俸禄，但他的将士们也要养家糊口。可是，崇祯还是不拨款，而是让户部慢慢筹钱。对此，我们只能说：拥有成本优势的巨人却是成本管理上的侏儒。

兵变的事情早已传到后金那里，皇太极正愁无机会攻打明军，现在刚好机会来了。于是，没等袁崇焕好好喘口气，后金就前来进犯。八月二十二日，后金大军进攻黄泥洼[①]，袁崇焕命祖大寿迎敌。祖大寿将清兵击退，斩杀后金180首级，获骡马120匹。虽说此次是小战斗，但却是袁崇焕回到辽东的首战，旗开得胜对稳定军心，激励士气极为有帮助。

击退后金后，袁崇焕又忙于各种军务。袁崇焕发现，事权不一，多层指挥，层层上报，这种混乱低效的体制不利于做事。袁崇焕明白，精干、权责明确的体系才能提升办事效率。于是，他亲自谋划，理出思路，然后上疏朝廷撤掉辽东巡抚，并进行人事调整。他说："我以前担任巡抚时曾建议只设置一个总兵，但是阉党却增加了三四人，导致权力分散，难以成事。我认为最多只能设置两个总兵，分驻关内外。关内总兵挂平辽将军印，负责山海关和石门寨二路，同时管理前屯卫；关外总兵挂辽前锋将军印，管辖宁远和锦州。"

按照这个思路，袁崇焕提出了人事任命：赵率教担任关内总兵，坐镇关内，祖大寿担任关外总兵，坐镇锦州；何可刚担任都督佥事，驻守宁远。对此，袁崇焕信心满满，他说："臣自期五年（复辽），专藉此三人！"

人事方面的事情处理完后，袁崇焕则开始处理政务和军务。王之臣在任时，以辽左屯政久坏（为由），改兵屯为民屯，随后将锦州守军撤走，退守宁远，宁锦防线残缺；而皇太极为了突破明朝、蒙古、朝鲜的战略包围圈，极力拉拢亲明的蒙古喀喇沁诸部。崇祯元年，辽东"岁饥"，喀喇沁三十六家有叛志，威胁宁锦防线。于是，袁崇焕开始拉拢蒙古，他"诏诸部头人于边，亲抚

① 位于辽阳县西部，东邻沙岭镇，南与柳壕乡毗邻，西与小北河镇接壤，北邻灯塔市界。黄泥洼镇的历史积淀厚重，出土了大量的春秋时期的货币，明朝中期开始修建金沟窑砖瓦场。

慰，（众）皆听命”，从而再度稳住了宁锦防线，孤立了后金。

崇祯二年（1629年）正月和闰四月，后金两度挥师渡河，做试探性进攻，但都被袁崇焕击退。由于袁崇焕两度击退后金进攻，给朝廷长了脸，保卫边疆，并让“神京晏如”，所以他得到了奖励，被升为太子太保。

击退后金的进攻，获得朝廷的嘉奖，辽东局势趋稳让袁崇焕信心倍增。这种信心使他想要更快地实现五年平辽的计划，不过，他在这期间干了一件令他陷入危机、并让后人争吵得不可开交的事情：处理毛文龙。

4. 毛帅游而不击

袁崇焕没有被这小小的胜利冲昏头脑，他又开始探索提高系统办事能力和部队战斗力的方法。他和赵率教、何可刚等商量整顿宁锦、天津、登、莱等镇的兵制，制定联防计划，协同作战。

但是，在这过程中，长期盘踞在辽东沿海一带私与后金往来的都督毛文龙却丝毫不配合。当然，从所管辖的范围来看，两人可以说互不统属；从官员级别上看，两人都有御赐尚方宝剑。但是如果从辽东大计上看，袁崇焕确实可以便宜行事，要求毛文龙配合。

可是，毛文龙不配合怎么办？对此，袁崇焕在离开京都之前就和朝廷辅臣钱龙锡谈过。当时，钱龙锡问他，平辽方略如何？袁崇焕说，只需搞好东江、关宁。钱龙锡又问他，东江怎么处理。袁崇焕则说道：毛文龙者，可用则用之，不可用则除之。

由于钱龙锡与袁崇焕的死不无关系，所以，这里有必要先简单介绍一下这个人。钱龙锡，上海人，万历三十五年（1607）进士，先后担任翰林编修、礼部右侍郎、南京吏部右侍郎、协理詹事府等职位。他因为不与阉党同流合污，且得罪阉党，被革职。

崇祯即位后，采取抽签方式来选择阁员，钱龙锡、李标、来宗道、杨景辰被抽中。在新的班子里，李标为首辅，钱龙锡与刘鸿训协助办理。崇祯上台第一件事就是清算阉党，主要工作由钱龙锡主持，阉党对他极为痛恨。在选择谁去主持辽东大局时，钱龙锡极力推荐袁崇焕。

两人由此关系较为密切。但是，在袁崇焕被杀一事上，钱龙锡并没有舍身站出来，而是死命地撇清与袁崇焕的关系。当然此是后话。

袁崇焕按照既定方针，先和毛文龙商量，但是毛文龙就是爱搭不理，袁崇焕只好弃之不用。那么，毛文龙为什么会有那么大的影响力，以至于袁崇焕杀了他会惹出边关大将与阁臣贪污案呢？

这件事情还是得从毛文龙说起。

毛文龙，1576年出生于浙江杭州府钱塘县忠孝巷。其祖父经商，其父亲毛伟花钱当监生，娶杭州望族沈氏。毛伟与沈氏有四子，毛文龙为长子，老二毛仲龙，老四毛云龙，老三夭折。

九岁那年，毛文龙父亲病逝，其母带着他们投奔沈光祚。此人进士出身，是大明帝国的一个官员。毛文龙刚开始走的是科举考试之路，但是他不感兴趣，也考不上，他喜欢孙吴兵法，可是武举他也不去努力，到三十多岁才在沈光祚的推荐下成为军官。

1605年，他只身北上，到李成梁帐下从军。当时努尔哈赤兴起，辽东局势不稳，给了辽东将士出人头地的机会，毛文龙参加武举考试，名列第六，任命为安山百户，不久又升千总。

后来，后金攻打朝鲜，毛文龙率兵增援朝鲜，但在辽东一带逗留。辽东沦陷后，他从海路逃回来。路过镇江时，他得知城中空虚，便想冒险赌一把，于是和生员王一宁商议，以镇江中军陈良策为内应，带着200多人偷袭镇江，结果大获全胜，俘虏镇江游击佟养真及其子佟松年等60多人。这就是历史上的“镇江大捷”。

占领镇江后，流民归附，宽甸、汤站、险山等城堡相继归降毛文龙，“数百里之内，望风归附”，“归顺之民，绳绳而来”。他向巡抚王化贞做了报告，却没跟经略熊廷弼报告。

由于当时王化贞是皇上的红人，而毛文龙又给王化贞长脸，所以朝廷不但没有追究他，反而任命他为总兵。后来，姜曰广[①]奉旨阅视岛帅毛文龙，认为毛文龙是个人物，回京后上疏赞其为豪杰。许多大臣甚至认为，大明帝国只要有两个毛文龙，那么后金可灭，辽地可平。

朝里有人好做官，这个道理毛文龙非常清楚，他通过贿赂朝臣，拜阉党为义父而官路扶摇直上，一直坐到左都督，挂将军印，皇帝还赐他尚方宝剑，主要负责旅顺以东沿海一带。虽然皇帝没见过他，却总是称他为“毛帅”。

大炮

但是，毛文龙兵微将寡，无力经营，这年八月初，后金攻打镇江，毛文龙败退朝鲜。败退朝鲜后，后金并没放过他，而是屡次追击他，毛文龙屡战

① 明万历四十七年（1619）中进士，选庶吉士，授编修。天启六年（1626）以一品冠服“正使”身份出使朝鲜，去时不带中国一物，归时不取朝鲜一钱。为此，朝鲜人特立怀洁碑纪念他。天启七年（1627）夏，魏忠贤以其为东林党人，废不用。他与史可法、高弘图并称“南中三贤相”。

屡败。

天启二年（1622）十一月，毛文龙率众逃到距铁山80里之海中皮岛。皮岛又叫东江，在登、莱沿岸的大海中，全长80里，草木不生，远离海岸，靠近北岸，北岸与后金界只相隔80里的海面，它的东北海就属于朝鲜了。

这个地方具有重要的军事价值，它北靠后金，南临登、莱，可牵制后金的后方。毛文龙深知这点，他从天启二年到崇祯二年对后金发动多次军事行动，取得了一定的战果。为此，他受到辽东官员的赞赏，比如经略辽东兵部右侍郎兼右佥都御史熊廷弼这样评价他：管铁骑营加衔都司毛文龙，弃文从武，有志向灭后金，依险建造防线，凡是夷地山川险阻之形，他没有不知道的；兵家攻守奇正之法，没有不精通的，实在是武将中有心机，有识见，有胆略，有作为的人，岂能多得?

但是，相反的声音也很多，朝中有人认为“文龙灭敌则不足，牵敌则有余”，更有人“弃文龙如沟中梗”。事实上，毛文龙也有兵痞行为，以及占地为王之嫌疑。他大量冒领军费，克扣军饷，朝廷屡次派人来查核，他总是顾左右而言他。此外，为了从朝廷那里拿到更多的军饷，他竟然杀降人、难民冒功，贩运违禁物品，杀害商民，和后金进行交易，他甚至还以要饷银为名，率兵洗劫登州，并说 “牧马登州，取南京如反掌”。

当然，这些还都不算是最严重的，最严重的事情是毛文龙与后金暗通款曲，甚至要投敌。崇祯元年，他就写信给皇太极，要议和，结果使者被杀，后来皇太极意识到拉拢毛文龙可以解决威胁，所以双方开始秘密议和。毛文龙问，投降之后可以得到什么好处。两人还约定，攻下山海关后，毛文龙不要分疆土，但不希望被后金管理，想要独自建立一个王国。

虽然这些秘闻，袁崇焕无法得知，但是毛文龙拥兵自重，漫天要饷银并且和后金做生意这些，他是知道的。而且朝廷官员对于处理毛文龙也是有各种意见的，比如工科给事中潘士闻就认为毛文龙耗粮太多，他的士兵作战不是被杀就是投降；负责皇帝宝玺、符牌和印章的尚宝司司长董茂忠请求撤除毛文龙的职务，将他调到山海关和宁远。

但是，兵部不同意。袁崇焕只好上折子给皇帝，请求前去核查军饷。奏折刚上去，就有人将消息告诉了毛文龙，毛文龙立即上疏反驳。后来，毛文龙到宁远拜会袁崇焕，袁崇焕刚好外出。他竟然叫人让袁崇焕前去旅馆相会，袁崇焕去了，毛文龙却茶不喝、椅子不坐就回去了。

5. 怒斩毛文龙

袁崇焕于崇祯二年（1629）五月二十五日从北汛口开洋出海前去双岛，当时旅顺游击毛永义前来迎接。二十九日，袁崇焕登岛岭，拜谒龙王庙，当天晚上，毛文龙亲自来登岛岭。六月初一，两人相见，酒过三巡，袁崇焕说道："辽东海外，只要是你我两人的事情，只有我们两个同心共济，才能够解决辽东大事。我今天冒险前来，主要是想和你谈谈灭金大计，有一条计策，不知道你是否愿意听听？"

毛文龙眼珠子一转，立即说道："我在海外八年，屡立战功。但是因为朝廷官员嫉妒，缺粮缺饷，武器马匹匮乏，无法作战。如果钱粮管够，那么相互帮助，想要成事也不会太难。"

无视国家危难，开口就知道找借口要粮饷，就像崇祯皇帝口头禅："要钱有兵，打仗没兵。"

对此，袁崇焕只好先行离去。当天晚上，袁崇焕请毛文龙喝酒，两人交谈甚欢。毛文龙大喜，喝到大半夜才离开。

六月初二和初三，袁崇焕登岛，检阅部队并赏赐毛文龙手下的将领，随后两人除了吃饭喝酒就是密谈，而且一谈就是大半夜。

尽管袁崇焕有尚方宝剑，但是诛杀毛文龙这样的地方大员，没有经过朝廷的许可，还是无法令人信服的。

两人谈了多次，但谈得越久，毛文龙脸色越不对劲。最后，袁崇焕劝他回家养老，但是毛文龙竟然这样说道：“我走了，这个地方谁代替得了！”会谈最终不欢而散。而这一切，没有逃过袁崇焕的眼神。既然救国大道你不走，让你回家养老也不肯，那就只能国法伺候。袁崇焕当晚传唤副将汪翥密谈。

六月初四，袁崇焕带着10万饷银犒赏有功将士，其中有赏的3575人，军官每人三至五两，士兵每人一钱。随后，袁崇焕传徐旗鼓、王副将、谢参将商谈军机大事。尔后，他叫来毛文龙，跟毛文龙说，以后旅顺以东归毛文龙管，以西归袁崇焕管，同时要求毛文龙进行兵制改革，出兵收复镇江。但是，毛文龙一条都不同意。

毛文龙自以为手中握有尚方宝剑，官阶高，袁崇焕不能将他如何。但是，完全拒绝袁崇焕的建议，很明显意味着袁崇焕拉拢和谈完全失败，袁崇焕决定处死毛文龙。六月初五，袁崇焕命令东江兵登岸，进行校射比赛。

对此，毛文龙开始有点慌了，他问袁崇焕什么时候回宁远。袁崇焕顺着他说，宁远是重地，我明天就走。今天你我观看士兵校射。明日行程紧，该地又十分重要，全部托付给你，老兄先受我一拜。

随后，两人观看射箭比赛。与此同时，谢参将暗中调集兵力，四面合围，将毛文龙随行的一百多官员围着走，而将跟随的士兵全部截在兵营外。一切布置妥当后，袁崇焕问随行官员姓名，他们竟然都说姓毛。袁崇焕很诧异，看到袁崇焕诧异的样子，毛文龙却哈哈一笑道：“俱是敝户小孙。”

袁崇焕说：“岂有俱姓毛之理？像你等英雄好汉，人人可用。我宁前官兵，俸粮比你多，但是依旧无法保证将士们吃饱穿暖。你们在海外劳苦，每月领米一斛，且家人分食此米，说起来非常痛心。你们也受我一拜，只要为国家出力，此后不愁无饷。”

紧接着，袁崇焕对毛文龙说："我节制四镇，严海禁者，恐天津莱登，受心腹之患。今设东江饷部，钱粮由宁远运来，亦无不便。昨与贵镇相商，必欲取道登莱，又议移镇，定营制，分旅顺东西节制，并设道厅，稽兵马钱粮，俱不见允。岂国家费许多钱粮，终置无用？余披沥肝胆，讲至三日。望尔回头是岸，谁知尔狼子野心，欺诳到底，目中无我犹可，圣天子英武天纵，国法岂能相容？"

袁崇焕举出了毛文龙的十二条罪状：

1.独霸一方，兵马钱粮不受稽核。2.杀降人、难民，冒取功劳。3.有造反嫌疑，口称"牧马登州，取南京如反掌"。4.克扣军饷，侵盗军粮。5.擅开马市于海岛，私通外蕃。6.擅自委派高级军官，副将以下达1000余人。7.劫掠商船，作恶多端。8.淫人妻女，扰民且败坏军纪。9.压迫民众，逼人去辽东偷人参，不听话的，将其活活饿死。10.贿赂朝臣，拜阉党魏忠贤为义父，塑其冕旒像于岛中。11.铁山之败，虚报战功。12.坐镇东江八年，却不思进取，观望养敌。

袁崇焕说完便向西请命，命人将毛文龙缚住，脱去衣冠。好好的射箭比赛突然间变成了惩戒会，毛文龙异常恼怒，他顽抗不从。袁崇焕就说道："你认为我是一介书生，不知道我是朝廷一员大将。你欺君罔上，冒兵克饷，屠戮辽民，残害高丽，扰乱登莱，杀害客商，掠夺民众，变人姓名，淫人子女，你难道罪不至死？今日杀毛文龙，我若不能恢复辽东，愿领尚方以谢尔。"

但是，袁崇焕依旧没能镇住毛文龙以及随行官员，毛文龙的随行官员不少人面色严肃，眼里充满杀气，而兵营外的东江兵则手握武器，准备冲杀进来。

这个时候，袁崇焕说道："毛文龙犯了这么多条罪，你们认为该不该杀？如果我冤杀文龙，你们可以上来杀我。"此话一出，随行官员大惊失色，皆跪下求饶。毛文龙顿时害怕起来，跪地求饶。

但是，袁崇焕说："你眼里没有国法不是一天两天了，我如果不杀你，东江这块土地，人们都以为不是大明皇上的。"然后，袁崇焕请来尚方宝剑，合水营都司赵不歧、何麟图监斩，令旗牌官张国柄执尚方剑斩毛文龙首级于帐前。又令备好棺木，将毛文龙首级安葬。

兵营外的东江兵怒气冲冲，想要冲杀兵营，但看见袁崇焕所带之兵兵容严整，威风凛凛，不敢动手。杀了毛文龙后，袁崇焕对众位将士和官员说道："今天我斩杀文龙一个人，来安东江民众与将士。我是杀人来安人，你们不必担心，只管照旧供职，姓名被改的全部改过来，然后一心报国。此事与你们无关，不用担心被牵连。"

毛文龙被杀后，东江缺乏主将，袁崇焕于是对东江人事与兵制进行了调整，他将东江兵一分为四，毛文龙儿子毛承祚管一部分，旗鼓徐敷奏负责一部分，游击刘兴祚管一部分，副将陈继盛管一部分。紧接着，袁崇焕进行安抚，将10万饷银分发下去，将毛文龙的佩剑交给陈继盛代管。

处理完毕后，"发牌晓谕，安抚各岛军民。又檄承祚偿所欠各商银两。又发四协扎副，又差官查岛中冤狱，并抢来的各商船只。俱即发商人洪秀等"。

六月初六，袁崇焕亲自到毛文龙棺前拜祭，他说："昨天杀你，不是我愿意，而是朝廷国法要杀你，今天前来祭奠你，是我敬重你。"

毛文龙事件处理完后，袁崇焕前往旅顺，然后返回宁远。至此，经过一番整顿，宁锦等数镇合起来，总兵力15.13万有余，马8.11万有余，岁费经费480余万两白银，节省开支128万两白银，达到了建立统一指挥系统，减少军费开支的目的。

对于袁崇焕杀毛文龙一事，众说纷纭，且并没有因为当事人毛文龙死去、袁崇焕被冤杀而结束，相反，随着时间的推移，翻案者举不胜举。

在斩杀毛文龙时，袁崇焕的部将曾对他说："生文龙，国不幸；用文龙，朝廷不幸；杀文龙，公不幸。”

杀了毛文龙后，袁崇焕上疏朝廷，请求皇帝处理。他说：“如果我向皇帝您请旨再出海去诛杀毛文龙，那么潜伏在京师的毛文龙同党陈汝明等人肯定会得到消息，到时候祸患无穷，如此一来事不成。我想要将毛文龙抓捕回京，但是我手里又没有圣旨，他肯定会抗拒不从。遇到这种心里没祖国眼里没上级的人，在无可奈何的情况下，只能出其不意，捕杀他。”

斩杀毛文龙引发了朝廷大讨论。所有人都积极参与，讨论热火朝天，吵得脸红脖子粗。崇祯皇帝则在一旁冷眼旁观，对他来说，未经通报，斩杀一等武将，这不明摆着侵犯君权，这是他不能容忍的；但是，毛文龙屡次借口要钱却不打仗，祸害民众，这倒也是真的，甚至要起兵造反，这也犯了崇祯皇帝的忌讳，他死有余辜。就算袁崇焕不杀他，等到辽东战事一结束，毛文龙也逃不过一个“死”字。

如果因为此事把袁崇焕从边关拿掉，那么问题来了，谁来替他收复辽东？在已经死去和依旧效力的人之间，崇祯皇帝选择了袁崇焕。于是，他下旨说，“文龙通敌的事情还是有的，此事事关封疆安危，根据阃外原不中制，不必引咎。随后，崇祯皇帝还公布了毛文龙的罪状。

袁崇焕虽然躲过了一劫，但这只是暂时的。崇祯皇帝只是暂时放过他，但还是在心里记下了一笔账，这笔账日后还是会跟他清算的。

后来，很多人为毛文龙翻案，觉得毛文龙对后金威胁很大，皮岛对后金有极为重要的牵制作用。其实，毛文龙对朝廷的价值有多大，主要看其牵制力有多大。从战术角度上看，皮岛前期对后金有牵制作用，这是因为后金刚开始力量弱小，牵制甚至是战略性的，但是朝廷不重视；不过后期后金发展起来，并降服朝鲜，这种牵制作用就不值一提了。

事实上，皮岛的军事实力不足为道，而且将领相互牵制，斗得好不热闹。广鹿岛副将尚可喜遭诬陷后投靠了后金，尔后，后金采纳汉将的建议，发兵攻打皮岛，最终造成皮岛防线崩溃。此是后话。

杀了毛文龙之后，袁崇焕又将目光投向了蒙古，蒙古是皇太极和袁崇焕都极力拉拢的对象，它关乎辽东的胜利归属。于是，斗智斗勇的情况出现在蒙古战场上。

6. 拉拢蒙古

1368年元朝灭亡，蒙古残余势力退守蒙古草原，一蹶不振，内部争斗不休，主要分为三部分：鞑靼、瓦剌和兀良哈。明朝人将由成吉思汗后裔组成的东部蒙古各部落统称为鞑靼。

身上流淌着曾经让世界震颤的成吉思汗血液的蒙古后代并没有团结一致，而是明争暗斗，政局动荡，还和地处西部的瓦剌兵戎相见。这种局面直到巴图蒙克当上大汗才有所改变。

巴图蒙克，成吉思汗第十五世孙。此人雄才伟略，在满都海哈敦的辅佐下大有作为。对内，他打击权臣，统一各部，将各领地并为6个万户，分为左右两翼。其中，左翼有三万户，分别是察哈尔（内蒙古锡林郭勒盟境）、乌梁海（即兀良哈，今内蒙古昭乌达盟和河北承德境）、喀尔喀（今蒙古人民共和国喀尔喀河流域），这三万户由巴图蒙克直接统领，驻地为察哈尔万户境内；右翼由鄂尔多斯（今内蒙古鄂尔多斯市）、土默特（今内蒙古大青山下土默特地区）、永谢布（今河北省张家口以北一带）组成，共三万户，由济农（副汗）统领，驻地在鄂尔多斯万户境内。对外，他打败了瓦剌，并将兀良哈部朵颜、泰宁、福余三卫纳入自己的统治范围。因为这样的功绩，他被称为蒙古的中兴英主。在对明朝的态度上，他采取的是和好的态度，与明朝有信使往来，还边境互市，只是到了后期，因为军事冲突而中断。

成吉思汗

蒙古的中兴随着巴图蒙克的去世而结束。鞑靼部又处于分裂状态，其中乌梁海万户被并入其他五万户，而喀尔喀万户一分为二，一部分处于漠南，一部分活动于漠北，其他万户也都有变动。

在纷纷扰扰中，时间很快就到了明朝末期。这个时候，蒙古又出现了新变化：以大漠为中心，按游牧区域分为漠南、漠北和漠西三大部。其中，漠南蒙古，又称为内蒙古；漠北蒙古，又称喀尔喀蒙古；漠西蒙古，又称额鲁特蒙古。唯一没变的是，各部占地称雄，独霸一方。

在这三部中，漠南蒙古具有极高的战略价值。漠南蒙古东至今吉林，西到贺兰山，南邻长城，北据瀚海，它的东部和后金接壤，西部和明朝毗连。对明朝来说，控制漠南，则能遏制后金；对后金来说，控制漠南，则能切断明朝的臂膀并增强自己的实力。一句话，谁控制漠南蒙古，谁就能在战争中占据优势。

但是，漠南的形势较为复杂。其中，察哈尔部实力最强，其首领林丹汗获得明朝的支持，凭借八大营二十四部，大举征伐其他各部，想要实现一统蒙古的愿望。但是，他实力不足，经常向明朝求援。而其他各部因为备受欺凌，只能另投他主。于是，漠南出现了这样的情况：林丹汗等采取亲明措施，而其他各部投靠后金，力图摆脱林丹汗的控制。

当然，明朝对林丹汗也是大力支持，除了外交上的支持，更多的是物质上的支持，每年明朝给林丹汗大量岁币。林丹汗和明朝的联盟给后金的生存空间带来了巨大威胁。

所幸的是，后金拉拢漠南其他蒙古各部。早在努尔哈赤时期，后金就和科尔沁、扎鲁特等部和好，后来科尔沁等部归顺后金，皇太极大加赏赐，封官赐爵。

天启七年（1627）正月，林丹汗出兵攻打喀尔喀诸部，皇太极则趁机拉拢漠南其他蒙古部落，奈曼、敖汉等部归顺后金。崇祯元年（1628），喀喇沁部、鄂尔多斯、阿巴亥等部，由于难以忍受林丹汗的欺压，组成联军和察哈尔激战，双方在土默特部赵城（今内蒙古呼和浩特地区）血战。该战中，林丹汗损失4万多兵力，而联军也伤亡惨重，他们请求皇太极出兵。当年九月，皇太极以盟主的身份，统领蒙古许多部落攻打察哈尔。双方鏖战多地，最终察哈尔屡战屡败，逃往兴安岭。当然，林丹汗并未就此彻底失败，他依旧有很强的实力。后来，皇太极两次东征才将察哈尔征服。

成吉思汗雕像

而在这期间，察哈尔和明朝的关系较为微妙。天启末年，袁崇焕采取了款西拒东的方针，拉拢蒙古，共同孤立后金。但是，袁崇焕被迫离开辽东后，由于后金的拉拢以及明朝政策的改变，明朝与蒙古的联系中断。蒙古内部倾轧，察哈尔部攻打科尔沁部，并攻打宣府、大同地区。

当时，蒙古派使者前来游说，但是边关明军杀了察哈尔部使者，由此察哈尔与明朝有了嫌隙。崇祯登基后，发现财政窘困，便将赏给蒙古各部的赏赐全部取消，结果激化了明朝与察哈尔之间的矛盾。

而科尔沁等部由于经常遭受察哈尔部的欺负，在后金的拉拢下，投靠了后金。结果，京城蓟门一线，门户大开，京师背面的防线出现了问题。皇太极稳固政权后，着手应对被三面合围的战略局势，以及内部兵源匮乏、满汉蒙矛盾的问题。

战争打的是后勤战，没有足够的后勤保障，没有稳定的兵源、稳定的大后方环境，那么打仗则会导致政权危机，甚至导致政权垮台。对此，皇太极心里十分清楚。经过多年的征战，他也发现，仅仅凭借后金这点人马，死命跟大明帝国拼，早晚会拼完，兵源问题必须解决；而且他发现，每次后金出征，后方就出现暴动、士兵逃跑事件，这些事情必须处理。

于是，他决定对一些制度进行改革。首先，他废除了将汉人和汉兵当奴隶的政策，而是采取了安抚和拉拢政策，对投降的汉人采取不杀不辱并分配土地，让他们安居乐业，对于逃跑的汉人也不再执行努尔哈赤时定下的通通处死的办法，而是宽宥。此外，他还颁布法令，对草菅人命、劫掠汉人财物的行为采取重罚。

对于汉人优秀的文化和政治结构，皇太极一一学习和接受。他任用汉人，参照汉人行政机构建立了各级行政机构，学习汉人统治艺术，要求大臣学习《大明会典》。从此，后金从一开始的马上打天下，以个人经验为办事原则，转为按规矩办事。

经过一系列改革，后金在兵源、财力、后方稳定等方面取得了突出成就，为对明战争做了更加充分的准备。

敌人的情况越是好转，对袁崇焕来说，局势就更加严峻。对于蒙古部落，袁崇焕认为还是应该拉拢。于是，他向崇祯皇帝推荐了王象乾专责察哈尔部抚赏。崇祯皇帝批准了。崇祯二年（1629）四月，察哈尔和明朝的关系缓和，并同意迁到宣府、大同边外。如此一来，明军摆脱了两线作战的困境。

至于科尔沁，袁崇焕则忧心忡忡。科尔沁连着辽、蓟，对明朝的边防一清二楚，明朝东边从宁前一直到西边喜峰口向来兵力薄弱，防务空虚，如果科尔沁引导后金入关，那么后果将不堪设想。

可是，不幸的是，当时闹灾荒，科尔沁要求明朝卖米赈灾，但是朝廷拒绝了。不过，袁崇焕却违背朝廷的命令，虽然明军粮食也不充足，但是他还是咬咬牙拿出一部分粮食卖给科尔沁，同时告诉科尔沁首领，不要和后金沆瀣一气。正所谓，拿人手短，吃人嘴软。当时，科尔沁首领感动万分，指天发誓，并且以妻儿为人质，保证不给后金做向导。

但是，誓言是否有效，必须视发誓的目的而定；不是任何目的都可以使誓言发生力量。对科尔沁来说，渡过难关是现实，活下去也是现实，相比于后金的拉拢，袁崇焕的米不值一提。于是，不久科尔沁首领食言了，而且还将米卖给后金，而袁崇焕则多了一条被杀的罪名：卖米资敌。

由于过度轻信科尔沁首领的话，袁崇焕没有对蓟门一线的防务作重点处理，尽管毛文龙等人屡次提及蓟门一线有可能是后金突入京城的要道，袁崇焕还是没有太在意，反而将蓟镇总兵赵率教调到山海关。

出关以后，袁崇焕与皇太极之间依旧有往来，双方的议和往来持续了大半年。这倒不是双方都想议和，而是双方都想通过议和来准备战争。当时，袁崇焕依旧在抓紧时间修筑防线，而后金则主攻蒙古各部，无力与明朝开战。袁崇焕请示阁臣钱龙锡及兵部尚书王洽，希望通过议和来拖延时间，但是没有获得批准。

崇祯元年（1628）九月，后金的势力扩大到内蒙古一带。这就给后金突袭别处入关打开了通道。对此，朝廷有过讨论，但是总理蓟辽保定军务的刘策却没有积极备战，北京防务空虚。

对此，袁崇焕看在眼里，急在心里，他在崇祯二年（1629）四五月间上疏朝廷，说：“我在辽东坐镇，辽东可保无虞，我唯一担心的是蓟门防线，那里兵力弱小，敌人可能进攻那里，请政府必须加强蓟门防线守备，这是第一重要的事情。”此外，他还告诉朝廷，蒙古的科尔沁极有可能做后金的向导，引后金进攻明朝。

但是，对于袁崇焕的建议，朝廷不以为然。袁崇焕心急如焚，连续上了三道奏折，崇祯皇帝才将这件事情交给朝廷讨论，但是那些没事找事、有事乱说事的朝臣议而不决，拖拖拉拉，导致防务问题迟迟得不到解决。

这种蜗牛般的办事效率最终遭到残酷现实的打击，当然也将袁崇焕推上了死亡之路。

第十章

驰援北京：忠魂守辽东

1. 皇太极冒对了险

皇太极面对危局，审时度势，毅然停止对明战争。战争的失败让他意识到，跟庞大的大明帝国作战是需要实力的，而后金此时连突破宁锦防线的力量都不具备。所以，他放弃一些汉臣提出的继续武力攻打明朝的策略，也扔掉了努尔哈赤常年征战的策略，而是采取“讲和与自固”二策。

崇祯皇帝即位时，皇太极以为天启皇帝吊丧、祝贺崇祯皇帝登基为由，写信给宁远总兵祖大寿要求议和。祖大寿鉴于袁崇焕议和带来的危机，没做任何回复。袁崇焕到任后，皇太极又再度写信议和，双方往来12次，其中皇太极写了7封信。

很显然，当时皇太极急需议和，因为他的处境极为危险，权力分散、后方不稳、军心涣散、经济萎靡等问题让皇太极焦头烂额，后金里面议和声音高涨。所以，皇太极主张议和。

至于自固方面，具体说来，皇太极采取了以下几方面的措施。

首当其冲的是集中权力。八和硕贝勒共理朝政的体制一直是皇太极施展拳脚的绊脚石，使得后金军权分立，皇太极无法统一指挥军队。为此，他采取汉臣的办法，以军务劳烦贝勒等为借口，用幽禁、撤职、处罚等手段将三大贝勒清除出去，具体是：以阿敏弃守滦州、永平（今河北卢龙）、迁安、遵化四城

皇太极

的罪名判处其终身监禁；以“御前露刃”之罪，处理了莽古尔泰；后又以代善私自款待怨恨皇太极的姐姐哈达公主为罪名，斥责代善。紧接着，他又仿照明朝设立六部，命令各贝勒分管，如此一来，军政大权都在他手上。后来，为了进一步集中权力，他在1636年登基称帝，改后金为大清。当然，这是后来的事情了。

军权是政权强大的后盾，皇太极深知这个道理，如果不想被大明帝国蚕食掉，那么他必须增强军事实力。为此，他对后金军制、兵员进行改革，除了保留努尔哈赤时单一的满洲八旗外，还增设汉军八旗、蒙古八旗等。后来，明降将孔有德、耿仲明、尚可喜等人率领的部队就是汉军八旗。后金军事力量迅速增强。

在解决权力、兵力问题的同时，皇太极又针对民族问题、阶级问题进行改革。他不仅改掉了努尔哈赤时赤裸裸压迫汉人的政策，还对逃跑者或者与明朝有往来的汉人宽大处理，只要不再逃跑或者不再给明朝做内应，概不追究责任。同时，皇太极还颁布法令：满汉是一家，无论是审理罪犯、差徭、公务等，都一视同仁。此外，皇太极为了调动汉人的积极性，还将以往汉人每13壮丁编为1庄，按满官品级分给为奴的政策调整了一下，改为按照品级每备御给壮丁8人、牛2头，以备役使，其他汉人则分开居住，编民为户，任命汉人管理，以汉人治理汉人。结果，汉人得到了民户的地位，可以安居乐业，从事农业生产，为后金攻打明朝提供了强大的后勤、兵员保障。

经过种种改革，后金后方逐步稳定下来，经济发展迅速、军事实力不断增加，综合“国力”越来越强大，出现了“国势日昌，地广食足”的现象。这一切为皇太极进行武力征服奠定了坚实的基础。

实力增强后，后金又再度拥有了与明朝打仗的资本。可是打仗资本有了，问题也来了，仗该怎么打？对此，皇太极和他的汉族官员、后金贵族也在不断地探讨。

刚开始讨论的焦点是如何突破宁锦防线，如何除掉袁崇焕，但是商量来商量去，攻城依旧是下下策，仅凭后金那点人马，一城一城地打下去，早晚兵力损失殆尽。皇太极等人非常清楚，堡垒战术对后金极为有效。

袁崇焕等人构筑的宁锦防线犹如“马其诺防线”一样，死死地将后金压制在大明帝国的偏远地区。努尔哈赤在辽东搞了几十年，都没突破山海关，皇太极也是如此，他连宁锦防线都撕不开。

既然无法强攻宁锦防线，那么有没有别的办法？后来，有人提出了是否可以绕过宁锦防线，突入明朝腹地作战。如果说，正面攻克宁锦防线，然后进攻山海关，最后率军攻克北京是兵法上所说的“正”的话，那么绕过宁锦防线突入京城，则是兵法上所说的“奇”。

不过，想法很好，现实很残酷。首先，要想突入明朝腹地作战制胜，必须保证大军悄无声息地跨过长城。但是，现实是，明军哨探布满边关，想要悄无声息地进入腹地不是一件容易的事情。其次，劳师远征，孤军深入容易被围歼，“半绕入关后，内外夹攻，敌必细”。

不过，倘若能进入腹地作战，那么好处也很诱人。贝勒多尔衮说：“入边围困燕京（今北京），截其援兵，残毁其屯堡诸物，为久驻之计，可坐而待其毙也。”贝勒多铎则提出：“若止攻山海关外之城，有如射覆，岂可必得？夫攻山海关以外之城，与攻燕京、通州（今属北京市）之城，名虽不同，劳苦则一。臣愚以为，宜直入长城，庶可膺士卒之心，亦可合皇上久长之计。”

投降后金的明朝武将也纷纷建议，进入腹地作战。当时驻守蓟门的建昌参将马光远就上疏皇太极，他将明朝腹地兵马瘦弱、钱粮不足、边境空虚、武器朽坏等情况全都说了出来，并说明朝官员对腹地防守毫不在意，虽然他自己曾建议注意布防，但是上级压根儿不听……

眼下的情况，只有出奇兵才能制胜，这点皇太极心里非常清楚。于是，皇太极找来了归附后金的科尔沁蒙古台吉布尔噶，此人深知明朝边境情况，他全盘托出，如果后金想要进入腹地，只能靠越过西北蒙古的丘陵、河谷地区及长城各隘口等明军防守薄弱的地区方能达到目的。此人还愿意和后金联合出兵攻打北京城。

于是，皇太极下定了决心，他说："彼山海关、锦州防守甚坚，徒劳我师，攻之何益？惟当深入内地，取其无备城邑可也。"就这样，改变历史的战术定了下来，他们决定绕过锦州300里外的地方，从老河口北岸潜入蓟门，全程需要6天的时间。

不过，在此之前，皇太极为了麻痹明朝，他写信给明朝说："我皇考以昔日辽、金、元不居其国而入处汉地，易世之后，皆成汉俗，因欲画山海关以西汉人制之，辽河以东我制之，满汉各自为国。故军未入关而返，原无争主中原之心也。"

当然，这种不争天下，不与明朝作对的说辞，谁也不相信，袁崇焕更是不会相信。果然，崇祯二年（1629）十月，皇太极亲自统率10万大军入侵明朝。后金从盛京出发，远离宁远和锦州，分兵从辽北向西挺进，经过都尔鼻（今辽宁彰武），到老哈河分兵行进。

后金进军到科尔沁的青城时，四大贝勒中的代善和莽古尔泰就提出了质疑：此次深入敌军内部，如果粮草匮乏，马匹乏累，如何回到沈阳？即使我们能够进入敌军边境，如果明军召集各路兵马一起来围攻我们，我们又该怎么办？倘若他们围追堵截，断了我们的后路，我们该怎么回国？

这是长途奔袭最致命的地方。皇太极顿时语塞，默坐帐前，郁郁寡欢。皇太极思前想后，最后他想到了高鸿中的一份奏折。高鸿中在奏折中分析到，如果明朝讲和，我们就跟朝鲜一样，请求明朝封王，彼此称帝，明朝肯定不答应；如果明朝不愿意讲和，我们只能兵锋直指北京，然后根据情况来做决定。如果明朝因为我们围攻得厉害就派人谈判，我们就答应对方的条件，并提出彼此称帝，以黄河为界，或者以山海关为界。如果明朝不答应，我们就继续战斗。

想着冒险可能获得巨大的利益，皇太极又开始觉得远征是值得的。再加上岳托和济尔哈朗的支持，皇太极最后下令继续远征。

七哥阿巴泰、十二弟阿济格率领四旗攻打遵化以北的龙井关，岳托、济尔哈朗率四旗兵力逼近遵化以北的大安口，皇太极亲自率领中军攻打洪山口。二十六日，济尔哈朗、岳托、阿巴泰、阿济格等各路后金军，冲毁边墙，分道从喜峰口、龙井关、大安口、洪山口相继越过要塞，直逼遵化与皇太极、代善会师。得知消息后，北京全城戒严。驻守遵化的明军坚守。

后金兵临遵化，巡抚王元雅与推官何天球、遵化知县徐泽及先任知县武起潜等凭城拒守。王元雅，太原人。为巡抚数月即遇变，自缢死。

巡抚方大任论畿辅诸臣功罪，因言元雅有失城罪，而一死节概凛然，足以盖愆。枢辅孙承宗请恤殉难诸臣，亦首元雅。帝赠献明、天球光禄少卿，泽光禄丞，俱荫一子。元雅以大吏失城，赠恤不及。

皇太极下令英俄尔岱守遵化，自己则率领后金兵进攻北京。

而早在九月份，袁崇焕就从密探那里得知后金即将大举进攻的情报，他曾经派出一支部队，由谢尚政领兵驰援蓟门防线，但是却被蓟州巡抚以消息不确为由遣其回师。十月二十九日，袁崇焕在宁远和山海关之间的中后所，当他得知后金越过长城直奔北京城后，惊愕不已。

虽然按照分工，袁崇焕负责山海关外的防务，关内防务由蓟辽总督刘策负责，可是他作为蓟辽督师，对整个蓟辽地区的防务负有责任。所以，他做出这样的部署：

第一，严守山海关，命令前总兵朱梅、副总兵徐敷奏严守山海关，防止后金趁机夺关；第二，严守京师要道，命令杨春守永平，游击满库守迁安，都司刘振华守建昌，参将邹宗武守丰润，游击蔡裕守玉田；第三，严守京畿地区，重点布防蓟州、三河、密云、顺义，同时为了阻止后金从北边入京，命令保定总兵曹鸣雷驻守蓟州，自己准备率大军坐镇蓟州，宣府总兵侯世禄守三河，保定总兵刘策守密云。

由于军情紧急，他立即命令山海关总兵赵率教领骑兵4000火速增援遵化，次日又调参将郑一麟、王承胤、游击刘应国前去接应，希望可以将后金堵截在遵化。军令如山，赵率教率领骑兵日夜兼程，赶了三昼夜，急行军350里，抵达三屯营。此时的三屯营形势异常严峻，副将朱来同因为害怕后金兵，带着家人潜逃，三屯营人心惶惶。但更让赵率教痛苦的是，他要率兵进城却被总兵朱国彦[①]依据夜里不得领兵进城的规定将他拒之门外。但是，这种迂腐的行为造成了非常严重的后果。

无法入城，赵率教只能带着将士们策马向西，结果路上刚好碰到后金督粮兵。两军相见，拔刀相向，很快赵率教就将后金军干掉，并斩杀后金将领卓尔纠[②]。十一月初，赵率教率领困顿的援军在遵化城外和后金兵血战，双方从中午打到了晚上，明军杀死无数后金兵，但是由于孤军无援，最后被阿济格所率领的后金兵包围歼灭，赵率教在遵化战役中，不幸中流矢牺牲在遵化阵地上。赵率教及4000精锐的阵亡再次用血证明了明军野战不如后金的残酷

---

① 明朝时人。明思宗崇祯二年（1629）四月，为蓟镇中协总兵官,驻三屯营。十一月六日,后金兵临城,副将朱来同等挈家潜遁。朱国彦具冠带西向稽首,偕妻张氏投缳死。

② 努尔哈赤征讨时，卓尔纠归顺，授佐领，从征北京阵亡，赠骑都尉。

现实。

大明帝国痛失一员猛将！没有猛将护国，遵化城危在旦夕。当时，巡抚王元雅手下只有400名兵士。面对后金强大的兵力，士兵开城投降，遵化很快就沦陷。

2. 目标：阻截后金入北京

遵化城沦陷的消息传到北京，举朝震惊。崇祯皇帝迁怒于新上任不久的兵部尚书王洽。王洽是山东人，万历三十年进士，极为能干，有“廉能为一方最”之美誉，而且长相魁梧，相貌堂堂，犹如门神一样，让人感觉可以安邦镇国。也是因为这点，崇祯皇帝任他为兵部尚书。

可惜，崇祯皇帝自小缺乏安全感，猜疑心重，乱杀大臣。从他即位到他自缢身亡，17年内，就换了14个兵部尚书。当然，王洽是其中一个。在温体仁等奸臣的陷害下，王洽被打入大牢，并于崇祯三年四月死于狱中。他和熊廷弼一样，没有死在后金的刀下，却死在了奸臣的手里。

崇祯皇帝对此还不满足，他下令将工部尚书和几个工部郎中先大板伺候再关进监狱。至于蓟辽总督刘策和总兵张士显，因为丢了城池，在崇祯三年被杀。

朝廷采取了紧急措施：除调集兵力加强京城、通州（今属北京市）的兵力，加强马兰关、三屯营的防御外，又令各地驻军赴京勤王。

其实，崇祯皇帝生气是能够理解的，因为北京的京营不管是从数量上还是质量上，真的不如袁崇焕这样的边防军。

明朝初期，京营是拱卫帝都的利器，但是随着时间的推移，京营日趋腐化衰败。正德皇帝时，京营按照规定应该有38万人，但实际上人数不足14万人，缺额高达24万人；嘉靖年间有26万人，到天启年间只剩下不到9万人，到了崇祯年间，只剩下区区5万人，而且多数连武器有什么用途都不知道。当然，这种情况，并没有因为崇祯皇帝上台有什么好转，到了崇祯末期，也就是李自成进攻北京时，守城的只有3000人。

且说袁崇焕。后金绕道入腹地，袁崇焕也想过。大明帝国立国以来，其在北边的主要敌人就是蒙古人，于是搞了九边。政治清明时，军事防守也较为严密。但是，到了后期，辽东出了大问题，精力集中到了辽东，其他八镇便防务松弛。加上当时蓟镇总督刘策既不懂军事又懦弱无能，结果导致蓟镇防务空虚。对此，袁崇焕也有所考量，并三次上疏给崇祯皇帝，但是崇祯皇帝不加重视，直到最后才让官员们去处理。但是这种办事效率实在太低，还没等蓟镇防线加固，遵化士兵倒是因为朝廷拖欠粮饷闹起了哗变，而后金大军也扑面而来。

事已至此，追究责任已经没有多大的意义，怎么阻止后金进攻北京才是最重要的任务。在下令赵率教领兵救援遵化后，袁崇焕本人抽调马步兵2万人马，在十一月初四，带着锦州总兵祖大寿、中军何可刚等火速入关支援，希望可以将后金堵截在蓟州。在经过抚宁、永平、迁安、丰润、玉田等地时留下部分兵力驻守。其最终目的就是堵住后金退路，为将来围歼后金做准备。

袁崇焕原本想着可以赶上遵化战役，6日急行军500里，但是当他在十一月初十抵达蓟州时，败报传来：遵化已经在十一月初三沦陷，巡抚王元雅自缢，赵率教殉国。

而朝廷乱成一锅粥，他们的心情随着前线战报时而兴奋，时而惊恐。在得知遵化沦陷时，满朝失色，得知袁崇焕率军前来救援，满朝又喜形于色。袁崇焕赶在了遵化前面的蓟州，堵住了后金。双方在蓟州和遵化之间的昇桥大战三日，刀光剑影，炮声阵阵，血流满地，每一仗都很激烈，最后后金败退，转而从东北方向进攻北京，致使袁崇焕在蓟州堵截后金的计划落空。崇祯皇帝下令嘉奖袁崇焕，崇祯皇帝这次非常爽快，拿出了三万两白银犒赏将士，并授权袁崇焕统率各路大军勤王。

这个时候，京城的勤王大军部署是：昌平总兵尤世威驻军密云；大同总兵满桂驻军顺义；宣镇总兵侯世禄先驻军三河，后移驻通州。对此，袁崇焕做出了调整：命令尤世威回军昌平，侯世禄率军返回三河，为蓟州后应；命令满桂前往帝都守卫都城，留下自己的部队与后金作战。

对于袁崇焕这样的作战部署，很多人会觉得他违背了集中兵力的军事原则，然而事实上，袁崇焕与后金作战日久，又从小习武读兵书，他怎会不知分兵的后果，他这样做却有他不得已的苦衷：勤王各路大军貌似人多，但是武器装备差、军纪败坏，又多数未与后金作战过，守城还可以，野战则容易被歼灭，如果集中在一起作战，被后金击溃一部分，其他部队也会溃散。如此一来，兵败如山倒，如何处理。再者，后金的行动是劫掠，行踪变化不定，集中兵力容易被牵着鼻子走，四处分散则会让后金有所顾忌，走哪个方向都有明军。可惜，后来他的这一部署被判定为“遣散援军”“纵敌不战”，袁崇焕最后还为此付出了生命的代价。

攻克遵化，后金大肆劫杀，十一日后则出兵北京。十二日，袁崇焕紧赶慢赶终于抵达距离蓟州20里之马落桥，在这里，袁崇焕遇上了后金前哨部分。双方二话不说即开打，袁崇焕所部打败后金。

但是，袁崇焕深知，后金前哨在这里，那么后续大部队也即将抵达。于是，他命令将士们宿营东城，准备与后金决一死战。十三日，后金主力抵达蓟州，驻扎在城东南角，双方刀枪林立，旌旗满天，对峙了半天。

后金的打算是避开袁崇焕，他们遭到攻击以为是来自其他部队，但是没想到竟然在蓟州碰到袁崇焕的大部队，由于被袁崇焕打怕了，他们见到袁崇焕的军队时竟然“相视而骇”。

皇太极深知碰到袁崇焕这个老对手不说一定会吃亏，但是肯定占不到便宜，更何况此番孤军深入，容易被明军围歼，但是他又不能表现出害怕袁崇焕，于是命令前锋发动进攻。结果，前锋跟袁崇焕部队一接触，没多久就溃败下来。

于是，皇太极命令军队撤退，从蓟州东南方向往西撤退。皇太极准备进攻通州，袁崇焕做出判断后率军赶往通州，但是后金还是取道顺义、三河进攻北京。在行军过程中，后金碰到满桂、侯世禄的军队，双方交战，满桂、侯世禄都被打败，后金势如破竹，很快就攻破三河、顺义，兵锋直指通州，帝都受到了严重威胁。满桂、侯世禄只好率兵回京城防守。

败报传来，朝廷震惊，阉党以及反对袁崇焕的官员蜂拥而起，开始攻击袁崇焕，崇祯皇帝遭遇了前所未有的压力。而袁崇焕此时处境更加艰难，帝都已经岌岌可危，如果他不率军赶紧救援，那么北京有可能出大问题。但是，没有朝廷的命令私自带兵进入帝都，会遭到朝廷官员的弹劾，受到皇帝的猜忌，可能会惹来杀身之祸。

当时一些将领认为，应该带兵进入京城，赶在后金抵达京城前布防；但是副总兵周文郁认为事情再着急也不能带兵入京，这是犯大忌讳的事情。但是，袁崇焕说："皇上有急，还顾得了那么多，如能解难，虽死无憾。"

军情紧急，袁崇焕顾不了那么多条条框框。为了赶时间，他向三军下达了命令：从蓟州抄小路向西急行。

一两天之内，士兵们不停下来吃饭，马匹不停下来休息，两个昼夜，袁崇焕的大军走了300多里路。半路上，他严明军纪：部队是保家卫国的部队，不许扰民，否则军法处置。有个士兵因为饿得受不了，罔顾军纪到民宅里要吃的。袁崇焕得知后，将此人枭首示众。

十七日，袁崇焕的大军抵达左安门。到达京城后，袁崇焕又下达了军令，不许将士们私闯民宅，索要食物，也不许随意毁坏野外树木。

得知袁崇焕大军到来，朝廷又开始一番新的大讨论，阉党以及反对袁崇焕的人说袁崇焕没有皇帝命令，私自带兵入京，违反军纪，也想造反，肯定跟后金狼狈为奸，想要攻克京城；另外一派则说，将在外军令有所不受，如果不来救援，京城有失怎么办。崇祯皇帝左右为难，心里恼怒不已。

“袁崇焕总是先斩后奏，进军京城这么大的事情，派人报告详细说明也是好的嘛，难道他眼里真没我这个皇帝？”不过，他又想道，“我刚将兵部尚书王洽关进大牢，现在有人来救难，难道我要砍杀他？”最后，崇祯皇帝选择暂时相信袁崇焕。

但是，孙承宗的奏折又让崇祯皇帝有了疑虑。早在十一月初十，崇祯皇帝就起用了孙承宗，封他为中极殿大学士、兵部尚书，视师通州。孙承宗此时已经七十多岁了，但是念及国家安危，他马上赶往北京赴任。抵达通州后，他上疏探讨防守策略：后金进攻北京只有两条路。如果袁崇焕驻防通州，则挡住后金东南之路；满桂、侯世禄、尤世威等人，阻止后金西北之路。这样，可以将后金隔绝在通州之外。……袁崇焕列阵于通州左右，不宜逼驻京城。

不过，皇太极并没有按照孙承宗的意料行事。袁崇焕的这一举动也让皇太极勃然大怒。后金乘半夜离开蓟州奔赴通州，目的主要有两个：切断北京和南方漕运，制造一种围困北京的气氛；把袁崇焕阻隔在通州之外，让袁崇焕无法驰援北京。

但是，袁崇焕早已看出了后金的计谋，于是他抄小路进北京，让皇太极的计策失去作用。当后金部队行进到高碑店发现袁崇焕的大军已经遥遥领先，认为辽东大军从天而降。当后金抵达京城时，袁崇焕已经在这里严阵以待了。

袁崇焕前有强敌后面有皇帝的猜忌和反袁大臣们的口诛笔伐，处境极为艰难。这个时候，如果崇祯皇帝相信袁崇焕，那么北京保卫战以及后面的历史恐怕要改写。但是，崇祯皇帝猜疑心非常重，他左思右想，各种权衡之后召见了袁崇焕，对其加以慰劳，问他守城方略，并赏赐部队粮饷和貂裘、羊。同时被召见的还有满桂和祖大寿。

崇祯皇帝问满桂等人战况如何，满桂二话不说，直接脱掉衣服，袒胸露背，背后的箭伤、刀伤清晰可见。崇祯皇帝抚了又抚，安慰满桂等人，并让他在城里养伤以便来日再战。

看到崇祯皇帝体恤将领，袁崇焕动了心思，想请求崇祯皇帝下令让将士们入城休整几日。但是崇祯皇帝立即变脸，不允许辽东大军入城。袁崇焕退而求其次，请求入外城休养，崇祯皇帝也不答应，而是要求辽东大军在城外血战。

袁崇焕非常寒心，但是他没有办法。这个时候，辽东大军已经饿了两天。来到北京后，为了严肃军纪，袁崇焕命令士兵不许入民家，夜间露宿户外，不许砍树。为了解决粮食问题，他让参将刘天禄去劫后金粮食，但是被敌军哨兵发现没有成功。直到十九日，崇祯皇帝下令给辽东大军提供食物，犒赏大军，大军才总算有饭吃。

二十日，后金八旗大军抵达京城东、北两个方向，驻扎在城北土城关。而此时，明军的部署是：大同总兵满桂、宣府总兵侯世禄率援军在德胜门列阵迎敌，而祖大寿则率兵于广渠门布阵防敌。

真刀真枪的北京会战即将开启。

3. 没有悬念的广渠门之战

后金安营扎寨，查明明军部署后，皇太极就发布了作战命令：大贝勒代善等领右翼军攻打德胜门，三贝勒莽古尔泰等左翼军进攻广渠门。一方想要靠军事进攻获得战利品，一方则想要凭借军事来获得京城的安宁。双方各有各的打算，于是鏖战势在必行。

战斗打响后，京城浓烟滚滚、杀声震天。在德胜门战场上，被后金打败过的侯世禄竟然临阵脱逃，致使满桂孤军作战。后金从正面和侧面发动进攻，战斗异常激烈，满桂身上也多处挂彩，看到满桂孤军不占优势，城上的守军大炮齐发，结果炸死炸伤不少明军，在战斗中，满桂身负重伤，被流矢击中，只好败退入城，五千兵马只剩下三千人。但是，满桂这个人也记仇，不分青红皂白就说受伤的箭是袁崇焕施放的冷箭，结果导致崇祯皇帝更加不信任袁崇焕，并最终下定决心杀了袁崇焕。

而在广渠门战场上，袁崇焕虽然兵力少，但是却军纪严明，军容齐整，他命令祖大寿守南边，副将王承胤等守西北方向，袁崇焕自己则率兵坐镇中央，三军成品字形迎敌。两军交锋，自然是血流满地，双方短兵相接，拼的是实力。进攻广渠门的后金部队有豪格、多尔衮、阿巴泰等人，豪格是皇太极长子，他率领部队从右方进攻，莽古尔泰从左方进攻，多尔衮等人居中，后金从三个方向进攻。其中，豪格的部队直接进攻辽东大军的北面，进入辽东大军的埋伏，在打退埋伏之后，又尾随追击到城壕附近。在这里，辽东大军奋力反击，豪格所部遭到重挫，无法再前进一步。后金的护军校台弼善竟然搞起了敢死队，发起冲锋，结果没两下子就被击毙。

后金阿济格、阿巴泰、多尔衮（三人均为努尔哈赤的儿子）看到袁崇焕守护中军指挥作战，便想着"擒杀主帅，乱其兵"，集中兵力冲击袁崇焕的中军。战斗异常激烈，后金兵擅长野战，弓箭密集如雨，明军死的死，伤的伤，就算是将领身披厚甲也不例外，副总兵周文郁两肋中了很多的弓箭，就像刺猬一样，而袁崇焕也不例外，他中了几箭，所幸的是他身上披的是厚甲，弓箭没有刺入身体。不过，战场环境很乱，阿济格用刀猛砍袁崇焕，但是用力过猛，大刀被袁崇焕击落，只好落荒而逃。

袁崇焕看到何可刚那边渐渐不支，立即率领祖大寿前去救援。何可刚得到援助后，立即掉头攻打后金，将莽古尔泰团团围住。在激战中，有人用刀砍向袁崇焕，就在这命悬一线的时刻，袁崇焕的护卫袁升高眼疾手快，将敌人的刀刃挡开，否则袁崇焕就会阵亡。

由于袁崇焕身先士卒，奋勇杀敌，激励了士气，明军将士上下一心，与敌人厮杀。此前，明军有规定，将士通常以杀敌来论功，具体是凭借首级，所以，将士们通常为了奖赏而耽误战斗。袁崇焕深有体会，为此，他在战前就发布作战命令：不许割首级，唯尽歼为期。

所以，在这次战斗中，将士们专心杀敌，杀得后金人仰马翻。而后，袁崇焕和祖大寿合兵一处，发动反击，挥师攻打后金莽古尔泰部，后金见状，阵脚大乱，开始溃退。

明军则发扬宜将剩勇追穷寇的精神，追杀后金，追出十多里，一直追到通惠河边上。后金着急渡河，慌不择路，精神恍惚，渡河时骑兵陷入冰里，淹死无数。袁崇焕大军又砍杀后金1000多人。

这次作战，从午时起至酉时止，两军拼杀了六七个小时，结果后金擅长的野战也发挥不了作用，被歼灭的人数以千计算，后金贝勒阿巴泰中埋伏受挫，阿济格中箭，后金大败，而明军伤亡仅仅数百人。收拾完战场，袁崇焕连夜慰问负伤将士，直到天亮为止。对于此战，皇太极这样感叹道："十五年来，我后金不曾碰到这样的军队，一败再败。"这是后金第三次败在袁崇焕手里。

袁崇焕的军队人数少，吃不饱穿不暖，又是野战，没承想还打败了后金。这就说明，袁崇焕在边关数年，不管是构筑防线，还是训练部队都是有所成就的。否则号称劲旅的八旗兵精锐全出，又擅长野战，怎么会败得如此惨。

战役胜利的消息传到崇祯皇帝那里，崇祯皇帝很是高兴。二十一日，崇祯皇帝让人带着羊、酒慰劳满桂，让他入外城休息，同时让袁崇焕追击后金。十一月二十三日，他召见袁崇焕、祖大寿、满桂等于平台，不仅赐貂裘、银甲等，还下令犒赏三军。对袁崇焕来说，犒赏全军这是最重要的。

他此次入关，所带将士虽然多，但是沿途留下兵力驻守城池，只有9000精锐随他而来。由于崇祯皇帝的猜忌，和反袁派的攻讦，袁崇焕的大军始终得不到该得的粮饷，忍饥挨饿还要作战。

袁崇焕以为崇祯皇帝还是信任自己的，便提出让将士们入城休养，然后等到步兵从关外赶到再和敌人决战。但是，崇祯皇帝一口回绝了。

十一月二十七日，后金纠集大量兵力攻打左安门，结果被袁崇焕的精锐打败，并被夺走攻城器械，还死了一个小头目。

眼见北京久攻不下，日子一天天过去，情况对后金来说有些不妙。皇太极等人经过商议，决定不攻城，退兵到南海子一带。京城的情况缓和了许多。

但此时远不是高兴的时候。袁崇焕决定趁着敌人屡次失败，士气受到影响，进攻南海子。于是，他让向导任守忠率领500人，带着火炮攻击南海子。面对突如其来的攻击，金兵猝不及防，死伤不少，还有的因为被袁崇焕打怕了，开起了小差，开溜了。京城之围暂解。

4. 袁崇焕和崇祯皇帝的较量

在此期间，袁崇焕因为精锐连续作战，将士们精疲力竭急需休整，他再度请求皇帝让将士们到外城休整。可是，早已对袁崇焕的忠心起疑的崇祯皇帝根本不顾将士们的死活，硬是不答应；而且还要袁崇焕尽快出兵作战。

袁崇焕提出了反驳意见，主要有这么几点：首先，休养生息，以逸待劳，明军不擅长野战，如此避免和擅长野战且人数占绝对优势的后金作战，可以保存实力。其次，敌军不擅长攻城，而且吃过大亏，如果加固城防，以城墙加大炮来守城，可以保城池无虞。再者，“避其锐气，击其惰归”。等到敌人锐气消退，我军各路援军到来之际，内外夹攻，既可以阻止后金攻城，还可以围歼敌军。最后，敌军远道而来，急于决战，我们只要坚壁清野，敌军必然不会长久。

袁崇焕的作战方略，我们后来人无法去做出更为妥当的评价，但有一点则是肯定的，那就是袁崇焕的决定是务实的、正确的。可是，朝廷里反袁派却不顾眼前的事实，以为袁崇焕可以用9000骑兵打败敌人10万大军，不断地敦促他出兵。袁崇焕陷入了两难的抉择之中。如果他听从朝廷那些腐儒的话出兵攻打强敌，那么有可能全军覆没；如果他不听，那就是违背朝廷旨意，可能招来杀身之祸。

是牺牲将士们、使京城遭受新的威胁来满足朝廷腐儒们的想法，还是违抗旨意，拒不出兵等待步兵到来，再发动反攻。很显然，袁崇焕选择了“将在外军令有所不受”，他宁可死也不出兵，他选择等步兵十二月三四日赶到后才发动反攻。

袁崇焕按兵不动惹来了非议，朝廷反对派以及贪生怕死的人纷纷旧事重提，甚至制造黑材料，说袁崇焕议和、杀毛文龙等都是讨好后金，要给后金做内应，灭了明朝。

神威大将军炮（长城）

这时，辽东的尤世威和侯世禄率军赶到了北京城。现在袁崇焕该出兵了吧？然而袁崇焕自有主意，他深知这两支部队战斗力不强而且人少，还不足以和后金决战，于是袁崇焕调尤世威去昌平守皇陵，防止后金掘祖坟，调侯世禄守三河，做蓟州的后应，牵制并切断后金的退路。

对袁崇焕来说，后金已经是瓮中之鳖，不必着急吃它。袁崇焕要谋定而后动。但是，其他人不这么想，饱受后金杀戮的民众和吓得睡不着的文官们大骂袁崇焕和他的部队是汉奸部队，而崇祯皇帝也疑虑重重，“我屡次调集勤王部队来守护京城，袁崇焕却将部队都调到外围去，这是何居心，而且屡次让他出兵，他竟然抗旨不遵”。

然而，袁崇焕对这些都不加理会，他只想按照自己的方略去部署。对于防守京城，袁崇焕也心里有数。原本，守卫京城是由京营来负责，这支部队在开国之初是全军最精锐的部队，能征善战，装备精良。但是，此时他们不过是一群饭桶。后金来攻城，工部尚书张凤翔带人上城检查火器，只见城墙上堆了一堆武器，但是问将士们这是什么，他们竟然不知道这是干什么用的，有的连武器的名字都说不上来，将领更是一问三不知。袁崇焕只好调自己的亲兵和满桂的部队去驻守北京城。

坚信“辛苦后人知”的袁崇焕没能换来理解和信任，而是等来了杀身之祸。十二月初一，袁崇焕等来了崇祯皇帝的拘捕圣旨，袁崇焕被关入监狱。

袁崇焕被捕之后，孙承宗再度被起用，但是他也没能救下袁崇焕，事实上，他不但救不了袁崇焕还可能连自己也救不了，因为摆在他面前的是：如果不能击退后金，那么他也可能掉脑袋。

孙承宗非常清楚袁崇焕的作战计划：《孙子·地形篇》说：“战道不胜，主曰必战，无战可也。”《孙子·谋攻篇》也说：“少则能逃之，不若则能避之。故小敌之坚，大敌之擒也。”袁崇焕完全是从军事角度来安排作战计划的。

当时，后金孤军深入，如果明军坚壁清野，并从各地调集部队勤王，集中兵力，完全可以消灭后金。所以，明军需要的只是等待。但是后金则不一样，他们需要的是速战速决。在决定进攻北京的时候，后金内部就有不同的声音，代善和莽古尔泰等都说，我们深入敌境，劳师远征，说是偷袭，但如果粮草不济，人困马乏，到时该怎么办？就算我们得以进入长城，那也是进入包围圈，明军会集中兵力围困我们，我们人少会吃大亏，如果明军关门打狗，那我们恐怕是有去无回啊。后金攻到城下，就在众位将领请战攻城时，皇太极则说：“取得北京城容易，但是明朝毕竟是大国，地广人多，还有源源不断的战争资源和防御力量，不会一下子就土崩瓦解的。我担心我们攻下城池容易，想要守住它难。我看不如整顿兵马，等待机会再攻城吧。”事实上，皇太极只是过过嘴瘾罢了，他根本不敢攻打北京城，他担心遭到火炮攻击且攻城不下。

如果袁崇焕得以指挥到最后，皇太极能否活着回去还不一定。可惜的是，崇祯皇帝临战换大将，结果战局向着袁崇焕担心的方向发展。皇太极料定攻打北京十分困难，便决定掠杀周边地区，于是率领部队往良乡、寿山、固安、通州等地屠杀民众，抢掠财物，然后向东进攻永平、滦州、遵化、迁安四城，想要打通山海关一线，后金进攻距关30里的凤凰店，但是被明军将领维贤部力战击退。

结果，后金陷入了危险的境地之中。当时，后金不敢长时间待在包围圈内，所以一边派人跟明军议和，一边留下部分兵力驻守永平等四城，而其余大军则在崇祯三年（1630）3月从冷口（迁安东北）出长城回到后金的地盘。

虽然留守的是后金军的精锐部队，又由皇太极的堂兄阿敏等身经百战的人率领，但是在马世龙以及祖大寿的攻击下，后金军伤亡无数，城破人跑，明军收复四城。而阿敏也因为守城不力被皇太极责问。

所以，从整体战争形势上看，袁崇焕所做的一切都是对的。可惜，昏庸无能的大明朝廷却不相信他；更为可悲的是，他们最终害死了袁崇焕，而且是以残酷的磔刑。

5. 崇祯、阉党与东林党的角斗

在外有强敌内有党争的危急时刻，袁崇焕为何会被逮捕下狱呢？这话还得从大明官场的黑暗和后金说起。

早在宁远、宁锦战役后，后金就觉得有袁崇焕的地方，干啥都不顺。当时，后金把除掉袁崇焕当成了头等大事来办，投降后金的范文程就献上一计，要想消灭袁崇焕必须施行反间计。

在北京遭遇多次失败后的皇太极，对袁崇焕恨得牙痒痒，想要杀之而后快。但是此时要执行反间计，先不说成不成功，首先就要有人给大明皇帝报信。恰在这个时候，天助大金，明军的管马太监杨太监等人一起投降了后金。

很明显，太监是最接近皇帝的人，是皇帝的耳目。于是，皇太极计上心头。他想起来自己熟读的《三国演义》里有曹操中了反间计的故事，正好可以利用这两个太监。他一方面在十一月二十七日退兵南海子，一方面则让副将高鸿中、参将鲍承先演戏。

别看这两个人是武将，演起戏来是一把好手。他们故意坐在太监们睡觉的地方唠嗑，声音很低，很像是在说悄悄话。他们说："今天撤兵是皇上的计划。我刚才看到皇上一个人骑着高头大马去敌营，对方来了两个人见皇上，嘀咕了好长时间才回去。我看袁督师和我们有约定。想来这件事情定可成功。"

杨太监以为自己获得了绝密情报，立即假装睡觉。这两个人走后，后金兵的防御松懈，杨太监非常轻松逃脱。在三十日当天逃回北京，当然也有人怀疑杨太监本身就是间谍。逃回北京后，杨太监直接向崇祯皇帝报告，说得有鼻子有眼的，好像他亲眼看到袁崇焕和皇太极密谈过。

崇祯皇帝竟然信以为真，不经过认真调查杨太监的身份和事件的经过，就在次日火急火燎地将袁崇焕逮捕下狱。当然，话说回来了，袁崇焕被捕，肯定不单单是崇祯皇帝的问题，还有满朝文武大臣的“功劳”。

首先最大的推手是阉党。袁崇焕在阉党看来是罪大恶极的人。魏忠贤在的时候他们使劲拉拢袁崇焕，但是后者却软硬都不吃。于是，他们转为迫害，可是又需要他，对他是又爱又恨。但是，袁崇焕后来杀了毛文龙，断了他们的财路，于是，他们对袁崇焕更加痛恨。其中礼部侍郎温体仁则是代表人物。当后金兵进攻通州时，他就“身先士卒”，在朝廷打响反袁第一炮。他说，袁崇焕说要用五年时间收复辽东，实际上是要和后金议和，现在他竟然给后金做向导，率兵进入北京城，目的就是要威胁朝廷，和后金订立城下之盟。而御史高洁、王永光、袁弘勋等人则遥相呼应，坚决要将袁崇焕处死。

其次，利益既得者因为后金劫掠将罪状都扣到袁崇焕头上。后金进入北京周边后，烧杀抢掠，无恶不作，不但抢掠民众，而且将宦官和皇亲国戚等人在城外的产业悉数糟蹋了。这些人不懂军事，只考虑自己的利益，只想着赶走后金，尽快止损，所以他们看到袁崇焕等待援军，就立即进谗言说袁崇焕是“逗留城下，不肯尽力”，还四处散布流言，说袁崇焕准备推翻朝廷。

再次，军方要员泄私愤。对袁崇焕中伤最严重的要数满桂。满桂和袁崇焕可以说是老战友，两人一起共过患难，在战场上出生入死，但是两人因为守边意见不合产生分歧，加上满桂和祖大寿合不来，被袁崇焕调走。这次，他决定借机报复。

此次他从大同带兵进京勤王，为了制造对袁崇焕不利的氛围，他竟然下令部队谎称是袁崇焕的部下，在京郊肆意抢杀劫掠。德胜门战斗中，他兵败逃跑入城，贿赂宦官，在崇祯皇帝面前胡说八道，搬弄是非，中伤袁崇焕。在袁崇焕被捕这一天，他竟然在崇祯皇帝面前说，就是袁崇焕向他放的冷箭。除了这位所谓的最擅长打野战的人的“供词”外，还有兵部尚书梁廷栋也将袁崇焕往鬼门关的路上推了一把。此人和袁崇焕都是万历四十七年的进士，也并肩在辽东战斗过，但是当时袁崇焕是他的上司，袁崇焕的性格和处事作风多少得罪和冒犯了梁廷栋，梁廷栋怀恨在心，准备公报私仇，就以引敌谋叛、擅自议和、斩杀毛帅等罪名致袁崇焕于死地。为了有足够的人证和物证，梁廷栋还威逼利诱袁崇焕的好友谢尚政作证，想要灭袁崇焕三族。

满桂像

不过，虽然袁崇焕被关到监狱里，但不见得就会被处死。关键还在于皇帝怎么想，朝臣怎么想。

袁崇焕被捕之时，祖大寿就在旁边，他想要救却不能，想要走也不能，只能战战兢兢。随后，太监宣旨，只处理袁崇焕一人，别人无须担心。但是，三军大哭，祖大寿、何可刚想要好言相劝，立功为督师赎“罪”，但是一切都是徒劳无功。

主将无故被抓，将士们等了三天，都毫无消息。军心大乱，初三夜里，有人说后金后队变前队，反过来要进攻。祖大寿和何可刚想要集中兵力拼死一战，但是将士们却无动于衷，最终纷纷向东逃跑。

最效忠皇帝的人都被皇帝下狱了，对这样的皇帝还效忠什么，祖大寿便和士兵们返回锦州，而日夜兼程赶往北京勤王的袁崇焕主力部队得知后，也掉头返回山海关。

辽东大军这一走，给各方势力带来了麻烦。对阉党来说，搞搞黑材料、颠倒黑白陷害政敌是他们的强项，但是打仗他们却是一窍不通，如果后金攻打城池，他们拿什么来抵抗；对后金来说，明朝内部官员乃至于皇帝肯定和袁崇焕不是一条心，知道他们除掉了后金最不喜欢的人，于是该抢杀的抢杀，该掠夺的掠夺；对崇祯皇帝来说，祖大寿等人的逃跑导致京城保卫核心力量缺失，这是非常危险的事情。从这件事中，他也看出袁崇焕在抗金问题上还是有些办法的。

他让大臣们去监狱里劝袁崇焕写信给祖大寿，让他带兵勤王，不要因为一人的原因而心生他意。刚开始袁崇焕不答应，自己都被下狱了，哪还有权力写信。但是最后在国家大局面前，他写了信。

祖大寿接到袁崇焕的亲笔信后，全军上下痛哭流涕，当时祖大寿老母亲已经八十多岁，问明情况后对祖大寿说：“现在袁督师不是还活着吗？你们为何不杀敌立功，到时再向皇帝请求保住袁督师的命？”八十多岁老人的话让他们醍醐灌顶，他们立即挥师入关，斩杀金人，收复了永平、遵化，切断了后金两条极为重要的撤退路线。

得知祖大寿没有反意，崇祯皇帝很高兴，他觉得如果袁崇焕和后金是一伙的，那么为何祖大寿不投敌，反而拼死保家卫国，于是他想要重新起用袁崇焕，并说“守宁远非袁蛮子不可”。

朝廷中正义的官员这个时候也站出来说话了。内阁大学士周延儒和成基命、吏部尚书王永光、兵科给事中钱家修、兵部职方司郎中余大成都上疏解救。其中，东阁大学士兼礼部尚书成基命向皇帝叩头，说“临敌易帅，兵家所忌”，“敌在城下，非他时比”，哭请皇上明察。这位老臣已经七十多岁了，哭着跪着求救，但是没有效果。

袁崇焕的部属更请身代主帅，总兵祖大寿愿削职为民，以官阶赠荫请赎袁崇焕之罪；何之壁率同全家四十余口，到宫外求情，愿意全家入狱，换得袁崇焕出狱。关外数万百姓到孙承宗那里大哭，请求孙承宗救袁崇焕。袁崇焕一边安抚民众，一边上疏请求崇祯皇帝开恩。而布衣程本直上《白冤疏》，请为袁崇焕而死。崇祯皇帝居然真的杀了程本直，却没有放袁崇焕。

6. 逃不脱的命运

可是，反袁派也在想方设法要除掉袁崇焕。虽然崇祯皇帝搞掉了阉党，起用大量的东林党人，但是阉党分子仍遍布朝廷，比如吏部尚书王永光、御史高捷、袁弘勋、温体仁等，他们对东林党恨之入骨，尤其是东林党人主持确定魏忠贤逆案，把阉党分子262人分为六等治罪，称为“钦定逆案”，颁行全国。

他们准备从袁崇焕和钱龙锡商量过杀毛文龙事件来大兴冤案。他们狼狈为奸，准备诬陷袁崇焕是“逆首”，钱龙锡等为“逆党”，搞出一个大案来。没多久，他们就炮制出陷害袁崇焕和东林党的方案。

一方恳求放人，一方坚持杀人。年纪轻轻的崇祯皇帝犯了难。就在这个时候，阉党又出手了。有一天，御史曹永祚说，他捉到刘文瑞等七个奸细，他们承认是受了袁崇焕的指使给后金通风报信。又说，这七个人被锦衣卫押管。崇祯皇帝命令大臣第二天会审。结果第二天，七名嫌疑犯全部“逃跑”。

其实，朝廷大臣都心知肚明，这不过是要杀袁崇焕而故意上演的戏码而已。对此，兵科给事中钱家修上疏替袁崇焕申冤时斥责那些制造黑材料的小人，崇祯皇帝知道理亏就做了这样的批示：“袁崇焕讯问明白，即着前去边塞立功，另拟擢用。”

在朝廷上下讨论是否要杀了袁崇焕的时候，袁崇焕则在监狱里写诗明志：

北阙勤王日，南冠就絷时。
果然尊狱吏，悔不早舆尸。
执法人难恕，招尤我自知。
但留清白在，粉骨亦何辞。

虽有种种是非，但是他愿意用生命来证明自己的清白。随着朝廷斗争日趋激烈，袁崇焕对自己踏出牢房已经不再抱有希望，他又写下了一首诗《狱中对月》：

天上月分明，看来感旧情。
当年驰万马，半夜出长城。
锋镝曾求死，囹圄敢望生。
心中无限事，宵柝击来惊。

文人对月向来都是有感情的，通过望月，袁崇焕想了很多事情，他知道自己坐的是死牢，什么时候死，那不过是皇帝的一句话而已。现在，他开始回想起人世间的种种是非，想起老母亲、兄弟、妻子、女儿，想起辽东旧事……他回想起这十年来自己所过的日子：

“予何人哉？十年以来，父母不得以为子，妻孥不得以为夫，手足不得以为兄弟，交游不得以为朋友。予何人哉？直谓之曰：大明国里，一亡命之徒可也！”

在这种苦苦等待中，朝廷的斗争最终因为崇祯皇帝的猜忌而分出胜负。袁崇焕不能不死成了崇祯皇帝的旨意。御史罗万爵想要伸张正义，申辩袁崇焕没有通敌谋反，结果被削职下狱。

为什么没有足够的证据证明袁崇焕通敌，崇祯皇帝还是要杀他呢？如果真的通敌，袁崇焕会傻到让整个家族继续当官的当官，经商的经商，还将母亲、妻子、女儿放在老家，自己自投罗网？

崇祯皇帝知道杀人的理由站不住脚，但是他相信风水之说。或许，自己裁决不了的事可以交给风水来裁决。事情是这样的：袁崇焕自从考中进士后数年内连升十三级，这在整个封建王朝中都是罕见的，也引起了朝廷的关注。当然，崇祯皇帝也不例外。

考中进士后，按照传统，朝廷会派出国师到各及第进士或候任官员的家乡去“采风”，重点是关注其家乡屋宅风水。袁崇焕这样的官员显然也逃不过朝廷的法眼。

由于他一会说自己是平南人，一会又说自己是藤县籍，又去东莞祭祖，搞得朝廷云里雾里。崇祯皇帝继位后，在起用袁崇焕的同时，也让太监和锦衣卫暗地里监视袁崇焕并调查其家乡风水。结果，他们发现白马山川奇胜，风光迥异，此地肯定是人杰地灵，出英才的地方。崇祯皇帝得知后，半信半疑。但是苦于边关无大将，只好暂时重用袁崇焕。

没想到后来出了这么多扑朔迷离的事情。崇祯皇帝将袁崇焕关进大牢后，又派国师到白马查看风水，结果发现袁崇焕的家乃“飞凤饮水”之格，其祖父袁西堂恰好葬在凤凰岭“飞凤含珠”之穴，从风水上看，袁家要出王。更加巧合的是，他的祖母刚好葬在贵能出天子的濛江“帅地”（今濛江镇袁屋坪塘冲，大泥墓尚存），意思是，袁家是要出帝王的。

崇祯皇帝听后，大惊失色，如果袁崇焕当了帝王，那他是什么？此时，阉党又说，袁崇焕就是重新换代的意思，就是换掉崇祯的意思。如此一来，袁崇焕不通敌，谁相信呢？

意志不坚定的崇祯皇帝最终顺从了命运和奸臣的安排，下令处死袁崇焕。于是，袁崇焕屈死成了板上钉钉的事情。消息传到狱中，袁崇焕哈哈大笑，昏君终究是昏君，他在壁上题了一首诗，以表达自己的愤怒之情：

狱中苦况历多时，法在朝廷罪自宜。
心悸易招屠伯梦，才疏难集杜陵诗。
身中清白人谁信？世上功名鬼不知！
得句偶然题土壁，一回读罢一回悲。

就这样，在党争和猜忌中，明朝难得的爱国将领袁崇焕被送上了断头台。同样是抗金，同样有功，岳飞被毒药毒死，虽然很可悲，但是名垂千古，最起码尸体完好无损且流芳百世，然而袁崇焕呢？被凌迟处死，尸骨无存，还被骂成奸臣，遗臭万年。

朝廷给袁崇焕定下的罪名是：

谕以袁崇焕付托不效，专恃欺隐，以市米则资盗，以谋款则斩帅，纵敌长驱，顿兵不战，援兵四集，尽行遣散，及兵薄城下，又潜携喇嘛，坚请入城，种种罪恶。命刑部会官磔示，依律家属十六以上处斩，十五岁以下给功臣家为奴。今止流其妻妾，子女及同产兄弟于二千里外，余俱释不问。

1630年8月，袁崇焕被凌迟处决。袁崇焕在行刑前，念出了自己的遗言：

一生事业总成空，半世功名在梦中。
死后不愁无勇将，忠魂依旧守辽东。

所谓凌迟，又称陵迟、脔割、寸磔，就是我们所说的千刀万剐，就是用刀把人肉一块一块从骨头上割光，是极为残忍的一种死刑。这种刑法从五代就有，正式定为刑名是在辽。

不过，不管是不是正式的刑法，它从一出现就经常被人使用，比如南北朝北齐文宣帝高洋就特别酷好用剐刑杀人；唐代的安禄山则用剐刑处理唐朝战将颜杲卿、袁履谦；朱元璋用剐刑处理胡惟庸，朱棣剐了方孝孺，明武宗剐了刘瑾（3357刀）……这种残酷的刑法直到1905年才被永久废除。

袁崇焕被判处通敌，也就是卖国贼，行刑当天，北京民众对他们的救命恩人的回报是，争买其肉，把他吃了。明朝人张岱在《石匮书后集》中记载了这个历史场面：

> 遂于镇抚司绑发西市，寸寸脔割之。割肉一块，京师百姓从刽子手争取生啖之。刽子乱扑，百姓以钱争买其肉，顷刻立尽。开腔出其肠胃，百姓群起抢之，得其一节者，和烧酒生啮，血流齿颊间，犹唾地骂不已。拾得其骨者，以刀斧碎磔之，骨肉俱尽，止剩一首，传视九边。

袁崇焕暴尸于野，一些民众恨之入骨自然不会去收葬，而一些替袁崇焕感到冤屈的民众则害怕会祸及自身，也不敢收葬。但是，有一个义士则舍命收葬，他姓佘，名不详。据说，他是广东顺德人，一直在袁崇焕的军中做事，是袁崇焕的仆人之一。每每出征，袁崇焕必带此人。得知袁崇焕惨遭杀戮，佘义士冒着被抄家灭族的危险，半夜盗走了袁崇焕的尸骸，葬在北京广渠门内的广东旧义园中。佘义士终身守护在墓旁，据说他死前交代后人，世世代代守袁崇焕的墓，并交代子女，将自己葬在袁崇焕身边。从袁崇焕去世到今天，佘姓后代已经守了三百多年。

袁崇焕死后，有志之士、文武大臣，纷纷写诗悼念。孙承宗写了两首悼念诗：

闻袁自如被逮　其一

甘泉烽火彻重帏，信手提戈护九扉。
一缕痴肠看赐剑，几行血泪洒征衣。
风惊鹤表丁威去，雪满鹅池中令归。
闻说长杨枝上鹊，羞同胡马向尘飞。

闻袁自如被逮　其二

练尔多方练未成，空闻曾铣[1]尔前生。
恢疆五载承天语，却虏三师傍帝城。
魏绛偏和原有恨，汾阳单骑更无兵。
东江千古英雄手，泪洒黄龙半不平。

荣县赵文尧则写了这样的诗：

谁云乱世识忠臣，山海长城寄一身。
不杀文龙宁即福，空嗟银鹿亦成神。
遗闻玉貌如佳女，亡国天心胜醉人。
万古大明一堆土，春风下马独沾巾。

---

① 明朝的一名猛将，曾经上疏收复河套平原，结果因为党争被诬陷杀害，妻儿被流放2000里。

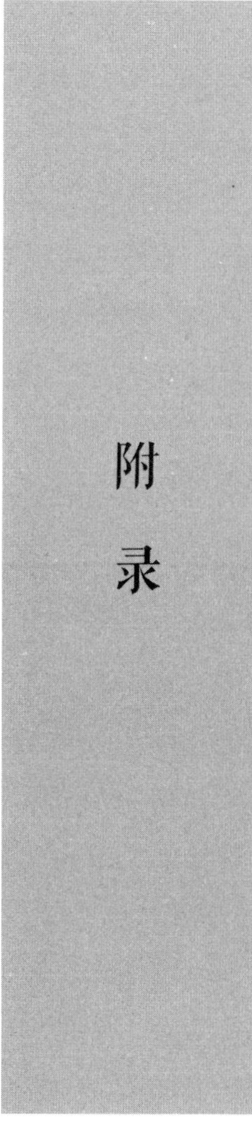
附录

一、袁崇焕有无后代？

对于袁崇焕的死因，数百年来有这么一些说法："通敌说""报仇说""冤杀说""误杀说""中计说""风水说"。

在各种说法中，单独的原因总是难以让人信服，我们在这里倾向于诸多因素，即中计说、通敌说，外加风水说三种。而且我们也知道，按照《大明律》规定，"谋反""谋大逆"者，不管主从犯，一律凌迟，祖父、父、子、孙，而兄弟及同居的人，只要满16岁的都要处斩。

崇祯帝很显然也看到了这点，他害怕自己被人说成是昏君，所以选择了以通敌谋反将袁崇焕处死。英雄屈死，那么英雄的后代呢？

由于历史资料、族谱记载不一，导致了袁崇焕有无后代众说纷纭：主要有四种说法：

第一种说法是没有男丁，只有女儿。《崇祯长编》记载："依律家属十六以上处斩，十五以下给功臣家为奴，今止流其妻妾子女及同产兄弟于二千里外，余俱释不问。"又诏"在辽者，徙流浙，改复黔；在籍者流闽"。而余大成《剖肝录》云："身死门灭。"程本直的《漩声记》："身凌迟也，后嗣绝也。"《明史·列传一百四十七·袁崇焕》记载："兄弟妻子流三千里，籍其家。崇焕无子，家亦无余赀，天下冤之。"

文献一致认为袁崇焕无子。从袁崇焕的族谱上看，这个说法得到了验证。据袁崇焕过继元孙袁炳撰写于乾隆四十八年（1783年）的《袁氏族谱》记载：袁崇焕冤枉被杀时，他在莲塘村屋宅及同产兄弟家全都受到牵连，房子被烧、人员被流放，其母亲因为年老没被流放，只好回到潆江圩袁屋坪的几间老房子里居住，死后就地安葬；袁崇焕的妻子黄氏投江自尽，后被僧人捞起埋葬；崇煜与崇焕8岁的女儿等被流放福建邵武；其族叔袁端一（袁天赦父）一家和袁崇焕的堂弟袁崇烨一家都被流放江西信丰县；后来，袁崇煜一家人被流放后音信全无，袁崇焕的小女儿下落不明。

第二种说法是袁崇焕的女儿去了后金。据传，袁崇焕重新被任用时，带着阮氏和长女去了辽东，袁崇焕被杀后，阮氏和子女被流放三千里。袁崇焕的女儿无依无靠，流浪街头，袁崇焕的下属佘某（佘信）舍命盗取其尸首并埋在京城广东旧义园，同时收养了袁崇焕的女儿。

不过，北京锦衣卫搜捕很严，眼见关内无法生存下去，佘信便偷偷地将袁崇焕的女儿送到关外，投奔了皇太极。皇太极知道这是袁崇焕的女儿就让她嫁给肃亲王豪格为侧福晋，就是后来的敏妃袁佳氏。后来，豪格被多尔衮杀害，按律袁佳氏要被充作奴役，但是多尔衮敬重袁崇焕就赦免了她，让她做了尼姑，了却一生。

第三说，袁崇焕有三子。据袁崇焕老家的说法，袁崇焕生有三子：兆基、兆填、兆埍。其中，兆基过继给崇灿。袁崇焕死后，兆填、兆埍躲了起来，而崇煜则带着兆基想逃回东莞，却被锦衣卫抓住并流放邵武。

第四说，袁崇焕有一子。《东莞县志》记载：“袁督师无子。相传下狱定罪后，其妾生一子，匿都城（今北京）民间。”据张江裁所撰《袁氏世系》如下：

（一世）袁崇焕——（二世）文弼——（三世）尔汉——（四世）

贵——（五世）常在——（六世）赶——（七世）世有、世宽、世福（即富明阿）——（八世）寿山、永山——（九世）庆恩……

从分析来看，袁崇焕是有后人的。

二、明代冷兵器与火器的比重

明代冷兵器与火器比重究竟有多大。其实，这个问题说简单也简单，说不简单也不简单，它要根据每个朝代，以及每个朝代不同时期的火器情况来定。

明代是我国古代军事史上冷兵器被火器替代的一个朝代。明朝初期，官方记载的部队标配是：火器10%、刀牌20%、弓箭30%、枪40%，即冷兵器占90%，火器占比为10%；但是到了嘉靖时期，火器的比重提升到了令人惊骇的地步，以戚继光训练的战车营为例子，一个营官兵共3109人，其中有1280人使用佛郎机炮和鸟铳，全营装备128辆炮车，装备256门佛郎机炮。此外，还有不少火箭手和其他火器手，使用火器的比重已经超过了50%。步兵营，很显然，火器比重也是超过50%（主要火器是火绳枪营），骑兵营也装备了大炮，其实算得上是火炮营。至于水师，也同样如此，大量的火器已装备到战船上。

虽然明朝中后期火器代替冷兵器成为主要作战武器，但是这并不意味着冷兵器彻底被淘汰。事实上，在火器数量与质量无法满足战争的需求时，冷兵器依旧发挥着重要的作用，比如青铜兵器，虽然战国时期铁兵器已经发明运用，但是到了东汉，它才被铁兵器淘汰掉。值得一提的是，秦始皇兵马俑坑出土的一把长94厘米的青铜剑，是制作水平最高的青铜剑。

明朝的冷热兵器比重为何是那个样子？朱元璋和他子孙及他们的核心高层

一直重视火器发展，朱元璋甚至说了，明朝之所以得天下跟火器有很大的关系，但是为什么比重那么小呢？为什么我们曾遥遥领先于世界，为何到了中后期却要学习西方的火器呢？

事实上，原因很简单，明朝初期虽然朱元璋等人重视火器，但是因为火器容易损坏，又受天气限制，且受发射速度、射击准确度、制造技术、制造原料等因素制约，火器研究始终没法达到一个新的高度。

那么明代以前冷热兵器的使用情况是怎么样的？根据学术界的观点，从冷兵器起源到公元10世纪火药用于军事前，是冷兵器时期；从火药用于军事到第一次鸦片战争，是火器与冷兵器并用时期。

刚开始，先辈们用它们来劳作和对付野兽以防身，比如石刀、石锄、石镑、石镰、石链。后来，由于利益集团、部落间的斗争等原因，这些劳作工具和防身工具就成了斗争工具。战争的最终目的是打败对方，于是战争双方便想尽办法从武器着手，于是，相应的武器研制部门出现了，武器得到了发展，比如炎黄大战中，出现了弓与矢、矛、戟等；后来青铜兵器出现，继之出现的是铁制兵器（唐代完善）。

宋代是冷热兵器并用的时代，不过还是以冷兵器为主，宋代中央武器制造局每年要造弓、弩、箭1650多万件，地方武器制造局每年要造弓、弩、枪、剑、铠甲等610万件。当然，宋代火器也得到中央政府的重视，比如设立了广备攻城作（下分21作）来制造火器。

南宋时期，铁火炮和突火枪出现了。元代，火铳出现了，这是我国古代第一代金属管形射击火器，比如盏口铳。由于火球、火药箭需要借助弓弩和抛石机等射远装备来发挥作用，制造量较少，装备部队也比较少。

接下来我们要来看看明朝火器实力情况。明朝火器的实力在当时世界上也是一流。当然，很多人会说，如果那么厉害，怎么会被靠冷兵器打仗的少数民族灭国？其实，这是另一个问题，因为它跟我们问元朝几乎横扫世界，最后为什么被明军灭了一样。对于实力问题，笔者主要从武器研究、部队编制情况、战术与运用三个方面来说明。

武器研究方面，明朝除了自己研究制造，还广泛学习西方的武器。明代前期发明了手铳、碗口铳、盏口铳、将军炮等铳炮类火器，还发明了快枪、多发铳、虎蹲炮，和利用火药燃气反冲力推进的火箭类火器，提高了火球类、喷筒类、火禽火兽类等各种燃烧性火器的燃烧效能，在革新爆炸性火球的基础上，发明了各种爆炸弹、地雷和水雷，其中水雷是世界上最早的水雷。学习西方武器上，除了从葡萄牙手里夺取武器以研究外（明嘉靖时期，明军对葡军发动攻击，缴获3艘舰船及其舰炮），还主动购买西洋大炮并加以改造（徐光启等人购买30门西洋大炮）。一言以蔽之，明代武器种类繁多，且许多领先于世界。

部队编制方面，随着火器被大量装备，部队编制发生了变化，神机营（世界上第一支火器部队）、战车营、骑炮营等出现。其中，骑炮营比西方最早的骑炮兵早几十年，据说西方最早的骑炮兵是瑞典国王古斯塔夫于1630年建立的。

战术与火器运用方面，朱棣在和北方的蒙古兵作战中，不仅创造了用火铳兵齐射蒙古骑兵的战术，还发明了火铳兵在前，马队在后，作战时，火铳齐射敌军前锋，然后再以骑兵冲击主力的战术；宁远战役中，袁崇焕利用火炮守住城池（守城战术），给敌军造成大量伤亡；史可法守扬州，用火炮守城，击杀数千清军；郑成功利用火器北上攻击清军，曾一度大获成功，以及后期利用200门炮从海上攻击外国人，收复台湾。

三、袁崇焕部分诗文

游 雁 洲

雁信连霄至，洲边与往还。
阵遥鹏欲化，队整鹭同班。
烟水家何在？风云影未闲。
登科闻有兆，愧我独缘悭。

榕 树

盆中小榕树日渐长大，移植于地，诗以纪之。

榕生在粤中，人以不材弃。
盘曲势参天，婆娑荫福地。
暑月多炎溽，亭亭独苍翠。
珍兹数尺枝，伴我不憔悴。
春来手自移，培植同幼稚。
灌溉何殷勤，日夕必再至。
望尔枝叶盛，庇护有深意。
十年计匪遥，可以岁月记。

纵斧摧为薪，一任后人事。

独 秀 峰

玉笋瑶篸里，兹山独出群。
南天撑一柱，其上有青云。

浯 溪

次山见不广，山水焉能私。
今日为吾有，明日知属谁？
不见王侯国，古今多推移。
如何邱壑地，乃欲擅居奇。
三吾名尚存，先生已无知。
凭栏发一笑，名人殊太痴。

藤江夜泛

江水白茫茫，行舟乘晚凉。
笛声三弄罢，渔火一星光。
沽酒寻茅店，收帆认柳塘。
刚逢明月上，夜色正苍苍。

度 庚 岭

客路过庚岭，乡关渐已违。
江山原不改，世事近来非。
瑟岂齐门惯，人宁狗盗稀。
驱车从此去，莫作旧时归。

斑　竹　岩

二女事圣人，观型室家好。
修短理难齐，此理识已早。
况当陟方岁，年华计已老。
如何苦相思，衰痛作烦恼。
同心表精诚，洒泪染丛筱。
斑斑或有之，万古不枯槁。
吾粤有此竹，根蒂谁肇造。
流俗喜神奇，谬托恐无考。

岣嵝山寻禹碑

衡岳镇南方，无气自滃郁。
支分走别麓，岣嵝乃独出。
山尖神禹碑，兀然千古立。
奇字蝌蚪形，后人不能识。
昔吾读韩诗，奇语动魂魄。
所愧生南方，恨不长两翼。
奋飞到山顶，亲手为拂拭。
今日扁舟过，系缆应努力。
晓起裹糇粮，殷勤带纸笔。
攀援曷云疲，汗喘不敢息。
但见白云起，林深万感寂。
自朝至日沉，归路志东西。
高下通幽寻，此碑杳无迹。
岂果有神物，呵护作秘惜。

或缘我痴蒙，当前末由觌。
因思朱晦翁，考异得其实。
禹碑徒传闻，山上无此石。
始知昌黎叟，好奇误著述。
我乃为所愚，枉折游山屐。
振策出山中，山花露欲滴。

望鹿门山

鹿门多隐士，我爱孟浩然。
柴门月夜还，多病无人怜。
虽无官可仕，已有诗堪传。
当时李杜辈，众口推其贤。
杜门却不出，高卧弄云烟。
富贵是何物，安居全其天。
嗟我不才者，劳劳三十年。
徒索长安米，忧来心自煎。
躬耕吾亦肯，负郭家无田。
入林适我愿，买山囊无钱。
茫茫大地内，何处堪息肩。
誓寻佳山水，茅屋筑数椽。
咏歌毕吾事，偕隐将终焉。

游曹溪参六祖

虞帝南游时，此地几陵谷。
黄梅证道归，此事非变局。

即今南华源，已接西天竺。
顿门从此开，信衣不必续。
在俗已成僧，宁择菜与肉。
风幡未足疑，在猎心无逐。
何须转法华，自性无不足。
我来礼金身，恍然旧眷属。
四十未有奇，已失初面目。
剑树狎如家，爱河湛且浴。
非尽还是非，愈解愈桎梏。
骑驴更觅驴，失鹿还梦鹿。
无边是苦海，有底非黑狱。
我性自贪顽，他尘岂淫酷？
以兹烦恼因，电光空仆仆。
如控恶毒龙，岂但难把捉。
愿师善知识，为我从头烛。
愿师大慈悲，更与同人勖。

太 白 楼

鹦鹉洲前太白楼，才名今古两无俦。
羡他落落乾坤里，胸次都无一点愁。

约同人游拾翠洲

春风十里五羊城，拾翠洲前绿草生。
君若来时须并马，一樽同去听流莺。

江　行

绿阴低覆钓鱼矶，缓步闲吟趁夕晖。
偶到水穷云尽处，一声鹈鴂背人飞。

舟过平乐登筹边楼

何人边城借箸筹，功成乃以名其楼。
此地至今烽火静，想非肉食所能谋。
我来凭栏试一望，江山指顾心悠悠。
闻道三边兵未息，谁解朝廷君相忧。

舟泊君山步月上点翠亭纳凉

舟泊君山下，旁有钓鱼矶。
秋暑酷未退，坐来白羽挥。
林前逗且影，乌鹊绕枝飞。
我时兴不浅，拾级登翠微。
啸歌将夜半，凉露湿衣襟。
舟师起解缆，引手招我归。
我游方适意，徘徊不能违。
始信古人乐，秉烛游未非。

舟 中 春 涨

缠绵苦雨声，留滞孤舟夕。
卧听渔人语，又添水数尺。
推篷试一望，不见春草碧。
急当乘长风，高帆破浪白。

南 楼

一片当头月，依然上此楼。

胡床今独据，惜不是中秋。

断 桥

绿草映裙腰，垂杨千万条。

画船风淡宕，吹过段家桥。

隐 山

招隐须真隐，云深鹤影闲。

试寻僧衲问，林下几人还？

剡 溪

雪夜飘然访戴游，到门兴尽又回舟。

人生适意应如此，云去云来任自由。

话别秦六郎

海鳄波鲸夜不啾，故人谈剑剡溪头。

言深夜半犹疑昼，酒冷凉生始觉秋。

水国芙蓉低睡月，江湄杨柳软维舟。

自怜作赋非王粲，戛玉鸣金有少游。

博 浪 城

一椎如许大，误中亦由天。

此事同儿戏，留侯尚少年。

上　蔡　县

富贵为丞相，临危不必言。
若能甘逐令，牵犬出东门。

韩淮阴侯庙

一饭君知报，高风振俗耳。
如何解报恩，祸为受恩始。
丈夫亦何为，功成身可死。
陵谷有变易，遑问赤松子。
所贵清白心，背面早熟揣。
若听蒯通言，身名已为累。
一死成君名，不必怨吕雉。

啸　　台

奇声与人殊，龙吟复虎啸。
云飞波浪高，水落乌鹊噪。
孙登效其声，激发混沌窍。
如同百舌鸣，众音会其妙。
人物不相同，物声乃人貌。
偶然登兹台，掩口发一笑。

海　山　楼

层楼高百尺，形势控西东。
人物兴亡外，川原指顾中。
万家江杵月，一片锦帆风。

薄醉吹长笛，登临兴无穷。

浣 衣 里

忠臣血入地，地厚为之裂。
今溅帝王衣，浣痕亦不灭。
灵质偏成磷，光焰九天彻。
精诚叩帝阍，愿化一寸铁。
良士铸作剑，剑锷百不折。
斩尽奸人头，依旧化为血。
血污常如新，抚摩触手热。
什袭在笥中，留作裳衣设。
后来谁可同，惟有南八舌。

黄 河

河水奔流去，喧腾万马声。
源从天上落，性本地中行。
浊处真须激，清来自太平。
济川吾有愿，击楫动深情。

封丘黄河边作

九河故道在南皮县内，今皆壅塞，渐不可考。下流既淤，放泄无所，势必遏积。河身日高，决溃必大。不出百年，河患无穷矣！前年河决，徐州迁于云龙山，河事无人论及。作诗见意。

神禹疏九河，千秋一大智。
众流翕受多，力大不可制。

怒涛日奔驰，所贵杀其势。
九河既疏通，流注去积滞。
浊流自滔滔，其利可万世。
如何任壅塞，故道不可记。
遂使圣人功，一望作平地。
泥淤水必争，地狭浪必肆。
补筑日增高，决溃更滋弊。
微禹吾其鱼，隐忧道易济。
早能为经营，事半功倍易。
凭谁讲上策，复造万世利。

夷　门

驱车今入大梁城，引我心中好士情。
忽见监门头已白，令人错认老侯嬴。

燕　然　山

兵战乃危事，不得已用之。
白骨多如莽，哀痛心焉悲！
功战亦云幸，况敢贪天为。
不求舆人颂，但愿圣主知。
名成在竹帛，国史无弹讥。
敬慎可不败，夸张得谁欺。
陋彼汉窦宪，燕然勒铭词。
不能善其后，物盛理必亏。
惜哉班孟坚，此理不及窥。

吾今策马过，扬鞭生忧思。

黄 金 台

燕筑黄金台，千金骏骨市。
利者众必趋，士乐为之死。
乐毅下全齐，十倍赏可拟。
利尽交必穷，利大争必起。
一朝反间来，大抵惟利视。
吾闻古圣贤，君臣同德美。
淡焉无所求，不问泰与否。
功名亦外物，道义实可恃。
朝内有明良，类聚必正士。
兹台云如何，请自郭隗始。

乐性堂读书示灿、煜兄弟

读书欲求道，道在伦常内。
古人不可见，遥遥隔异代。
赖此简编存，言动尽记载。
寒窗风雨中，日日作酬对。
庄诵独焚香，便如提命诲。
名言契予心，可作韦弦佩。
温故自知新，新机处处在。
独恨束高阁，抛弃类芜秽。
又恨拘迂人，文义肆破碎。
更恨色庄人，口是心违背。

遂令圣贤心，翻为书籍晦。
不如任天者，本原尚无碍。
兹堂何以名？乐性乃吾志。
志苟得其真，忠孝无异事。
弟也当妙年，勿为世俗累！
百城南面中，旗鼓列队队。
驰骋古今人，志乃气之帅。
精神宜专精，勿以半途废！
此心不可欺，贵真不贵伪。
老大多伤悲，年华不能再。
三省吾此言，夙夜其无昧。

钓　鱼

镇日垂竿理钓丝，芦花深处立多时。
偶然细雨斜风过，湿遍蓑衣却不知。

邵武署中闲坐

闲坐了无事，安排去作诗。
最嫌吟未稳，鹦鹉已先知。

荔　支　楼

佳果闽中倍擅奇，登楼难免我相思。
谁言齿颊偏无福，不是先时便后时。

哭 兄 灿

乍闻疑假又疑真，目断南天洒泪频。
往日不伤离别苦，昨宵犹作梦魂亲。
田园怜尔徒空手，甲胄惭余正在身。
一去泉台无信息，来生深恐昧前因。

边 风

叶落边城遍地秋，十分料峭使人愁。
吹开斗帐搏羊角，送上金鞍扑马头。
太息将军真跋扈，果然少女自风流。
旌旗猎猎飞腾甚，鼓角宵鸣尚未收。

边 雪

雪花如掌望漫漫，肠热由来不畏寒。
抚语三军皆挟纩，伏戎万骑不离鞍。
谁家寄到征衣厚，昨夜披来旧甲单。
羽檄交驰催白战，微晴冷絮不曾干。

答韩宾廷同年

音书千里寄边城，问我行踪独有情。
铁甲穿来甘九死，沙场卧去悟三生。
自怜好武心犹在，深悔封侯事不成。
修到梅花君福厚，定教安稳抵公卿。

弟煜来军中省视

握手军门倍黯然，相看消瘦最堪怜。
君原未惯风霜苦，我已徒劳岁月迁。
乡国谈余浑似梦，鼓鼙喧里不成眠。
倚闾日望还家早，岂不怀归涕泗涟。

偕弟煜夜坐有作

忆到乡关百事愁，挑灯细语不能休。
人心此日将何恃，予骨他时望尔收。
画里青山长入梦，镜中白发已盈头。
但求烽火今平息，得遂闲身及早抽。

寄叶台山相国

征车慷慨出城闉，赠策临歧语独真。
杯酒论心皆血性，干戈满目总风尘。
唯求孟氏能生我，难保曾参不杀人。
无限忧虞期报国，谁怜边塞一孤臣。

闻叶台山相国乞归得请赋此寄之

先生今竟去，世事更堪忧。
举国疑高马，何人问丙牛。
乞身原贵早，屈指似难休。
肯为苍生计，艰难再稍留。

山海关送季弟南还二首

其一

公车犹记昔年情，万里从戎塞上征。
牧圉此时犹捍御，驰驱何日慰生平！
由来友爱钟吾辈，肯把须眉负此生。
去住安危俱莫问，燕然曾勒古人名。

其二

弟兄与汝倍关情，此日临歧感慨生。
磊落丈夫谁好剑，牢骚男子尔能兵。
才堪逐电三驱捷，身比飞鹏一羽轻。
行矣乡邦重努力，莫耽疏懒堕时名。

前经略宗人应泰藁葬辽阳城外，予买棺殓之，并归其榇

孤魂凄惨哭啁啁，无定河边骨未收。
死后裹尸无马革，生前饮血有人头。
买棺痛哭悲同类，祖道萧条返故邱。
太息未知身结果，且先流涕为人谋。

南还别陈翼所总戎

慷慨同仇日，间关百战时。
功高名主眷，心苦后人知。
麋鹿还山便，麒麟绘阁宜。
去留都莫讶，秋草正离离。

归度庾岭步前韵

功名劳十载，心迹渐依违。
道说还山是，难言出塞非。
主恩天地重，臣遇古今稀。
数卷封章外，浑然旧日归。

度大庾有怀张曲江先生

梅花开岭上，向暖有南枝。
相业生前定，君恩死后知。
千秋传宝鉴，五岭振新诗。
风度今何在？徘徊起慕思。

归家后作

到得家园涕自倾，此身深悔去求名。
伤心今日方为子，忍泪三年为夺情。
老母饥寒奄一命，孤儿锋镝剩余生。
不堪既抱终天恨，又通荆花忆弟兄。

闲居示弟煜

十年辛苦梦中身，何幸归来与尔亲。
正好余闲将读补，休言薄宦使家贫。
此心无复升沉想，今日同修清净因。
头上二毛添亦得，近来欢喜是闲人。

到家未百日，即为崇祯元年，诏督师蓟辽，拜命入都

耳边金鼓梦犹惊，又荷丹书圣主情。
草野喜逢新雨露，河山重忆旧功名。
痛心老母牵衣泣，挥手全家忍泪行。
只为君恩辞不得，未曾百日事躬耕。

过诃林寺口占

四十年来过半身，望中袛树隔红尘。
如今著足空王地，多了从前学杀人。

别李溪南诸友出边

浮名驱我出，知己定谁怜。
好酒如今夕，名花忆昔年。
行藏原有数，去住只随缘。
愿得郊无垒，劳人尚慎旃。

再　出　关

重整旧戎衣，行途赋采薇。
山河今尚是，城郭已全非。
马自趋风去，戈应指日挥。
臣心期报国，誓唱凯歌归。

关上与诸将话旧

隔别又经年，今来再执鞭。
相看人未老，忆旧事堪怜。

兵法三申罢，军容万甲前。
诸公同努力，指日静烽烟。

入　狱

北阙勤王日，南冠就絷时。
果然尊狱吏，悔不早舆尸。
执法人难恕，招尤我自知。
但留清白在，粉骨亦何辞。

闻韩夫子因焕落职泣赋

整顿朝端志未灰，门墙累及寸心摧。
科名到手同危事，师弟传衣作祸胎。
得附青云能不朽，翻令白眼漫相猜。
此身早晚知为醢，莫覆中庭哭过哀。

题　壁

狱中苦况历多时，法在朝廷罪自宜。
心悸易招屠伯梦，才疏难集杜陵诗。
身中清白人谁信？世上功名鬼不知！
得句偶然题土壁，一回读罢一回悲。

狱中对月

天上月分明，看来感旧情。
当年驰万马，半夜出长城。
锋镝曾求死，囹圄敢望生。

心中无限事，宵柝击来惊。

忆　母

梦绕高堂最可哀，牵衣曾嘱早归来。
母年已老家何有，国法难容子不才。
负米当时原可乐，读书今日反为灾。
思亲想及黄泉见，泪血纷纷洒不开。

忆　弟

竞爽曾殇弱一人，何图家祸备艰辛。
莫怜缧绁非其罪，自信累囚不辱身。
上将由来无善死，合家从此好安贫。
音书欲寄言难尽，嘱汝高堂有老亲。

寄　内

离多会少为功名，患难思量悔恨生。
室有莱妻呼负负，家无担石累卿卿。
当时自矢风云志，今日方深儿女情。
作妇更加供子职，死难塞责莫轻生。

祭觉华岛阵亡兵将文

慨自战守乖方，屡失疆土。天子赫然震怒，调南北水陆舟师，谓尔乘船如马，遂之来，为进取也。据二等间关远至，岂不欲灭次朝食，一帆而金复归，再帆而黄龙扫哉！

奈未尽其用而敌却来。冱寒之月，冰结舟胶。窘尔之所长，乌得不及于难？说者谓谋之不臧，不臧固不臧矣。然排山倒海之势，以十八万而临数千之水卒，即臧可奈何？而尔等计无复之，愤然以死，略无芥蒂，视当年之弃曳倒奔者加一等也。人之罪至死而免，人之品至死而定。今将略尔罪而嘉乃忠。请命于天子，谅为之恤，所以不没汝等者，良有在也。

吁嗟！巨浪茫茫，空山寂寂，皆汝等忠灵之所栖荡也。望故乡以何日，即转劫而无期。苒苒游魂，何不相结为厉，歼仇泄愤？在生之志，藉死以伸，则虽死之日，犹生之年也！尔其勉之！不腆之奠，涕与俱之。尚飨！

募修罗浮名胜疏

余平生有山水之癖，即一丘一壑俱低徊不忍去。故十四公车，强半在外，足迹几遍宇内。而罗浮洞天，去余家不下四十里，竟无暇盘桓其中。殉外忘内，余罪也。

去冬余告归，方谓筑室其中，为终焉之计。未抵家，而明主促之再出，使者络绎道路。两旬席不暇暖，又塞上征夫矣，其尚得与山灵作主人哉？山中道士亦怅然余之行，因林凡夫丐余言于募疏，以风好善者。时车马仆夫，旁午戒行，何能为？

应抵关上，而友人邓伯乔、李烟客请归。烟客向与家绪仲宗伯，谋兴构山中各院洞宇脱者新之。其空旷处，阻游人趾而不能遍取诸胜者，各为亭室以通之。余嘉其志，而为之言曰："罗浮在宇内二十四洞天中，载出丹书石室甚备。缘僻居南徼，游人鲜得过而问之。宇内若不知有山灵，而山灵则能贞之宇内也。盖山以静为体，无所扰之，自止于寂；无所混之，常依于静。山灵又何乐乎多方点缀，以减其天真耶？"

烟客曰："自有此山以来，其中为山护法，不知几何许；庵堂观院，成而毁之，不知几许。山灵俱以为过眼之空花，浮生之泡影。吾以了吾念，且借山灵以合大缘于世宙。终南非捷，北山不移，何足为山灵重，庶不为山灵累也。”

余笑谓之曰：“山之人为仙，仙者长生久视，而今仙人安在哉？则仙之亦归于尽明矣。”惟山终古以长存，则人灵不如山灵。然山常艮，艮常止，止得其为山。人旅生旅死，不失其为人。余又以山灵之不若人灵也。

灵与不灵，吾安从辨之？不若两忘而化之于道。至重兴福地，普纳有情，无为而为，所谓吉祥善事也。人不山耶？山不人耶？都不必计，愿有志者勖之。

募修罗浮诸名胜跋

李烟客偕伯乔归，兴罗浮有日矣，余其何能忘？因忆昨来与伯乔过曹溪寺，僧告我云：“憨大师入寂时，曰：‘我三十年后还，以宰官来此修大殿。’”余笑之曰：“是和尚痴矣。何不曰：‘愿得有情重修新绀宇。’不必告我以重来。盖善缘何必自我出哉？余将为之所。”

余至辽东，一日，与李上人言及此事，忆以为身上不了者。上人曰：“宰官差矣。何不转一语曰：‘愿得有情完此功德，又何必宰官乎哉？’”余顿足而忏悔，于是悲我见之难空。

今烟客南归，为罗浮计，而余无所助，一一听之，则又落人见矣。夫以隔四十里之名山，不能一效其款款，而万里之医巫闾忘身殉命，务必得此而后快，余愧也。然地有南北，山之灵、山之性，何分南北？则医巫闾未始非罗浮也，则用心于医巫与用心于罗浮无二也。则烟客与余二身也，一心也；一心而两山也，不隔也。异日自见之。

自如子同日又跋。

重修三界庙疏文

予里中崇奉三界庙，其神来自粤西。考神所自，亦无征焉。说者则以为出自浔之贵县冯姓，有无姑勿论。盖人之精灵为神。《中庸》曰：“至诚如神。”《礼》曰：“清明在躬，志气如神。”《孟子》谓：“圣而不可知之谓神。”其结根在于善信，则人与神也二而一之，一而无容二也。惟人自形生识构，与物相逐，障翳其灵，而莫通者，于是乎善淫之莫辨，远生之道即死之途。终身聩聩，五官无主，一形为虚，尸而行，肉而走，无复人理，于神不綦远乎？是以人不灵而神灵，犹之乎梦灵而觉不灵也。

三界者何？盖天、地、人为三界，人情顾目前不顾身后，见人而不见天，严于人所见而不严于人所不见者，此中定有神以通之，以起人之俨若思，而收其邪秽。况一念诚，则鬼身可质，妻友倍亲，以至山河、天地、昆虫、草木，俱法身变现之界，却在眉睫。一念伪，则藏头掩面无地可容，神魄俱为胡越，安所得游于三界之中而无拘无碍哉？知此可以知神矣，可以知神之所自矣。

且不必问神之何氏、何始矣。且可以事神矣。吾乡居俗俭而朴，恂恂而与，蔼蔼以至，守望助而有无通，尚古道之未泯，故不为神之吐弃。事三界神七十年如一日，人习而神安之。有情必告，有畴必应。不啻子孙之于祖、父，有由来矣。但庙之狭小而湫下，神即不择地而栖，人可栖于陋乎？适予请告以还，同乡诸父老青衿，合谋为一乡之善事，首以庙请，将三栋基址新而大之，索言于予。余敬神而重人，许之。但工费浩繁，于递年所积庙食银可三百金，此外则资之本乡之题募。

盖人之私至财而极，苟语人以公而不私，其谁信？惟诏之以奉神而祈福，其或重于此而轻于彼，遂不复悭吝。是由一念之重而推之，以至重之之极，则无不重。而信也，善也，美大而圣神也，无所不重。由一念之轻而推之，以至轻之之极，则无不轻。而财也，物也，身家而性命也，无所不轻。父勉其子，兄勉其弟，相亲相比，尔无我猜，我无尔虞，从神而脉脉天。溪南一片土，即清都紫府矣。其谁非游华胥汤穆哉？本来无祸，何必免祸？福目无用，何必妄求？予操券以俟诸善之同归矣。是为疏。

天启七年腊月十八日

钦命巡抚辽东山海等处地方提督军务加从二品服俸兵部右侍郎兼都察院右佥都御史里人袁崇焕谨撰九龠公寿序

汉宣有言：与我共治天下者，其良二千石乎。玺书黄金，岁下郡国，所风属之甚至共视九卿、丞相犹掇之也。以故吏治蒸蒸起，若龚少卿、黄次公，冀以循良，特闻今上新御极莹精治理，时时坐平台，延见阁部大臣，计所以安边阜民，尤注意二千石，以为二千石为朝廷拊循，元元得其人，则政平事理，而百姓乐业，此真安天下之本也。

而天台任公，适以比部尚书郎高第推择，为庐州守，一切治行流闻远出龚、黄上，如班史所载，米盐靡密，韭畦葱本，诸琐琐固公所不屑。道公盖湛深于经术，著述千万言，古今制治，清浊之原，了然指掌，稍出其绪余，为郡砉然，若迎刃而解。闻诸三老之言，庐向苦赋，今吏来叩门矣；向苦繇，今践更平矣；向苦讼，今桁杨空矣；向苦众盗，今抱鼓息矣；向苦吏及豪猾把持，今奸利屏迹矣；向苦潦及旱，今步祷辄应雨赐，时年谷丰矣。凡庐之人所欲得于公如取寄也，凡公所以为庐之人如进诸膝而抚之摩之也，故庐之人大安之，则鼓舞而歌咏之。甚则引《豳风》，人之义思，以朋酒羔羊，跻公堂，侈无疆之祝会。

八月三日，公揽揆辰，属诸君，以予与公同以毛氏诗举，雅悉公生平，走使乞余言，为公寿。余不敏，属东西交讧，惴惴奉简书，从事幕府，无暇摭及。吏治顾予，维自辽左中，夷患以来，郡国日夜飞□挽粟，以佐军兴，百姓雕敝之极，所恃良有司，留心民瘼，旦夕抚字，一不当而民失其业，海内骚动，盗贼蜂起，四夷乘之，究将不可言之事，故曰：边圉，肩背也，中国，腹心也，腹心安而肩背殆无恙。

朝廷诚慎简良二千石，如公数人遍置之要郡，悉仿其治庐者，以为治元气充实闾左乂安，无事则耕食凿饮，鼓腹而歌，有事则偏袒，大呼致力境上，夷虏桀骜于拆棰筲之乎，何有即汉宣时五单于内附未必非用循吏，主上道化翔治，流唐漂虞，公又雅负，公辅之望揖皋夔而稷契，今日以治著明，擢九列，骎骎有两偕干羽之治。予虽不敏，亦将藉乎报成事，嗣是而公以黄发，钜公提衡天下，熙熙焉若游之春台之上，天下之人沐浴膏泽，相率颂祷，称公无已，而公且膺天子之宠命，上尊养羊享无疆之庆。此固国家有道之盛事，有贵乎松乔寿者也，诸君其以予言致公，公应为我加爵矣。

崇祯元年，岁次戊辰仲秋吉旦，赐进士第、资政大夫、钦命出镇行边督师蓟镇、登、莱、天津等处兵部尚书兼都察院右副都御史、年弟袁崇焕顿首拜撰。

大事年表

万历十二年（1584）四月二十八日，出生。

万历二十五年（1597）到广西藤县参加县试，考中秀才。

万历三十四年（1606）参加广西省城桂林的乡试，中举。

万历四十七年（1619）二月，参加会试，中进士。三月，明朝萨尔浒战役大败，大明帝国辽东危机重重。

泰昌元年（1620）担任福建邵武知县。

天启二年（1622）

正月，入京朝觐，参加考核，由于颇有见识，被提拔为兵部职方司主事。二月，监军关外。三月，因为治理有方，升任山东按察副使。六月，奉命修建山海关外中前所、前屯卫，安置辽东流民，坚持要驻守宁远。

天启三年（1623）

二月，平定蒙古兵变。九月，奉命驻守宁远，制定宁远城规划。

天启四年（1624）

七月，袁崇焕父亲去世，袁崇焕上疏三次请求回乡守制，但朝廷没有批准。袁崇焕上《遵旨回任疏》表达恢复辽东失地的决心。

九月，宁远城竣工，在孙承宗等人的带领下，大军巡视广宁，威慑后金。这年升任兵备副使、右参政，被吏部列为巡抚候选人。

天启五年（1625）

夏，与孙承宗商议，派兵驻守锦山、松山、杏山、右屯、大小凌河，形成山海关宁远锦州防线。

九月，辽东总兵马马世龙偷袭耀州不成，兵败柳河，孙承宗辞职。袁崇焕邀截关外逃兵，稳定军心。

十月，新任辽东经略、兵部尚书高第下令放弃关外诸多要地，撤回山海关，造成防线崩溃，袁崇焕孤军守宁远。

十二月，升任按察使。

天启六年（1626）

正月，努尔哈赤大军攻打宁远，袁崇焕坚守血战，取得宁远战役的胜利。

三月，升任右佥都御史，巡抚辽东、山海关。

六月，上了三道奏折请求辞去升荫。

八月，上疏守城战法：坚壁清野以为体，乘间击惰以为用。

十月，派李喇嘛等人以吊丧为名查探后金虚实。

十一月，上疏请求屯田。

天启七年（1627）

二月，上疏请求回乡，朝廷不批准。

五月，皇太极率大军攻打宁锦防线，袁崇焕坚壁清野，血战后金，取得大胜。

七月，因为功高被魏忠贤排挤，上疏请求退休，天启皇帝批准。

八月，天启皇帝驾崩，其五弟崇祯皇帝即位。

十一月，崇祯皇帝赐死魏忠贤，惩治阉党，起用袁崇焕为都察院右都御史、兵部右侍郎。

崇祯元年（1628）

四月，升任兵部尚书兼右副都御史，总督蓟、辽、登、莱、天津军务，驻扎山海关。袁崇焕从广东北上。

七月，崇祯皇帝在平台召见袁崇焕，探讨辽东军务。袁崇焕走马上任。

九月，请求朝廷补发拖欠饷银78万两，朝廷批准。

崇祯二年（1629）

六月，斩杀毛文龙，统一关内外兵权。

七月，与皇太极往来书信议和，抓紧时间修防线。

十月，皇太极进攻明朝，绕道蒙古，躲开山海关，直接进攻北京城。袁崇焕率领9000骑兵昼夜驰援，广渠门大败后金。

十一月，袁崇焕击败皇太极，皇太极采用离间计，袁崇焕遭到内外夹击。

十二月，袁崇焕被捕下狱，祖大寿带兵离开北京，袁崇焕手书祖大寿，祖大寿回师攻打后金，击败后金。

崇祯三年（1630）

四月，皇太极撤兵。

九月二十二日，袁崇焕被处以极刑。

后记

中国是一个从来都不缺英雄的国家，上下五千年涌现了无数的英雄豪杰，但是中国始终是缺乏崇尚英雄的国家。换句大俗话来说就是，中国不缺大好儿郎，缺的是让英雄男女们对国家的归属感。于是乎，我们看到这样的情况：

近现代革命先烈刘胡兰、邱少云、黄继光、董存瑞、“狼牙山五壮士”等被抹黑，无数古代文臣武将也被抹黑。其中，有争议但被抹黑得“难以翻身”的袁崇焕就是典型的一位。他在大明帝国摇摇欲坠之际挺身而出，最终却以谋逆的大罪被处以极刑（据说被割了三千多刀才死去）。尽管现在辽宁兴城、河北山海关、北京广渠门、广州东莞、广西藤县等地区都有与袁崇焕相关的纪念馆，尽管清政府、中华民国政府，乃至当今政府都认可袁崇焕为英雄，但是在网络上，不少的网友不明就里，偏听偏信，断章取义，一味地抹黑惨死且沉冤数百年的英雄袁崇焕。

网络上舆论汹汹，好像喊叫得最大声的，真理就在他们那一边。然而，事情并非如此。网络上叫嚣得厉害的往往连历史事实都没搞清楚，更别提明末极为混乱的政局和战争场面了，他们以“莫须有”的罪名，甚至是造假的史料扣在英雄的头上。

笔者非常诧异，既然是坏人，为何袁崇焕会“坏”得那么红，那么火？一个毫无能力的人、一个爱慕虚荣的人，舍命跑去无人愿意去上任的地方挣军功？一个毫无能力的人能够屡次迫使努尔哈赤、皇太极损兵折将？一个毫无能力的人会被大明帝国的高层选中并重用？……

随着接触的史料越来越多，笔者发现碎片化的阅读以及支离破碎的史料片段无法较为客观地展现袁崇焕传奇的一生。于是，笔者走访许多地方，参阅许多史料，花费了2年多的时间写作，最终有了这本书的出版。

写作是艰难的，它不单单是愿不愿意坐冷板凳的问题，而是坐了冷板凳后究竟能不能写出好作品的问题。虽然笔者已经从事军事方面的研究有些年头了，也有军事方面的著做出版，但是每一次写作都是一次生命的探索，说得比较不好听的，就是一次自虐的体验。

既然是探索，自然少不了磕磕碰碰。在本书写作过程中，笔者碰到了许多问题，比如袁崇焕的辽东战略与农民起义、袁崇焕杀毛文龙、袁崇焕“资敌”“通敌”等问题。虽然这些是大众饭后谈资，乃至于学术争论的焦点，都是烫手山芋，但不是最大的问题。本书写作中最大的问题也不是有关袁崇焕史料的匮乏，而是关于大明帝国辽东治理问题相关史料的缺乏（我们都知道，袁崇焕，成也辽东，败也辽东）。

对研究者来说，史料是一切，史料有时甚至起到了决定性作用。没有第一手资料，写作基本上无从谈起。幸运的是，国内出版了不少相关书籍，虽然零零碎碎，但这给本书的写作带来了巨大的帮助，在此对前辈的付出表示敬意。

此外，在写作过程中，笔者得到了亲朋好友的鼓励，得到了业界同仁的帮助，在此一并表示感谢，他们是：王刚、陈文、顾凤娟、曹锦林、曹燕兰、李玉华、宋国胜、李家训、薛莹、胡滨、李巍、景迷霞、周静、刘啸虎、肖倩、许天成、王顺君、褚以炜等，此外，本书的撰写还得到国防大学出版社总编室主任冯国权大校的精心指导，在此表示感谢。

最后，感谢华中科技大学出版社。若没有该社对本书价值的认同，没有该社的编辑团队在本书的出版过程中不辞辛苦的指导与帮助，恐怕本书难以在这么短的时间内与读者见面。对此，笔者对他们表示深深的敬意。

由于本人学识有限，理论尚浅，错误疏漏在所难免，诚请学界同道和广大读者不吝指出，以期共铸精品。